三国商道

资本定天下

三国商道

贷本宝天下

冯建 王正好 李腾飞 编著

西南财经大学出版社
SOUTHWESTERN UNIVERSITY OF FINANCE & ECONOMICS PRESS

"三国热"里的商业启蒙智慧

　　在所有中国人的世界里，三国是我们从小听到大的故事。一直以来我们都以为整个三国的故事中，所叙述的都是军事故事，不然就是政治的合纵连横。不知道从什么时候开始，日本人开始叙述三国的故事，将之放置于管理学的教案里，开始了全世界的"三国热"。当时日本国力正强，很多西方人还以为三国是叙述日本江户时代的故事，但日本人毕竟不是中国人，对于三国的诠释并不是那么到位。

　　近几年来，关于三国与商业之间的关联都仅止于管理，也没有太大的突破，而由中国人编写的三国与企管关联的书写得好的还真不多。看了这本书的初稿，里面谈到以财务的观点来解读三国，让读者通过耳熟能详的故事去了解财务观点，例如：草船借箭就是一本"融资教科书"，刘备的桃园三结义原来就是一本"愿景说明书"，隆中对就是一本"营运企划书"。本书整个章节安排流畅，搭配每章的案例说明清楚、浅显易懂，值得一般财务管理人员或有意从业的人员阅读，是一本很不错的商业启蒙书。

从这本书来看，对于企业而言，愿景与使命往往是同时并存的，但又有所不同。愿景与使命相比，从抽象的程度来讲，愿景更具体；从涵盖的时间来看，使命较为长期，愿景较为短期。因此，愿景也可以说是企业阶段性的期望。所谓愿景管理，就是结合个人价值观与组织目的，透过开发愿景、瞄准愿景、落实愿景的三部曲，建立团队，迈向组织成功，促使组织力量极大化发挥。

美国 IEG创新学院　群龙企业咨询 (上海) 公司

副董事长　姜台林

中国古典名著中的现代商业精髓

　　出版是两岸文化交流最大的推手,两岸借由简、繁体书双向交流,拉近了彼此距离,同时也拉进了两岸的共同记忆。《三国演义》是全世界中国人的骄傲,只要是中国人就没有人不知道三国的故事,从桃园三结义、隆中对到既生瑜何生亮的故事,都是大家耳熟能详的桥段,而近年来三国的故事不断地被改编成影视剧,更是家喻户晓。

　　本人在"台湾两岸华文出版品与物流协会"担任理事长数载,穿梭于两岸文化出版界,对两岸的出版生态及环境并不陌生,因两岸语言跟用词的障碍,出版交流大都集中在人文及艺术领域,也比较容易进入作品的氛围,了解作者的想法,对于财经管理倒是第一次接触。

　　这一次非常荣幸应"台湾电子书协会"理事黄荣华的邀请为西南财经大学出版社社长冯建先生等人的大作写序。当看过稿件后,我发现两岸共同记忆和喜好的三国在冯先生的笔下,竟然蕴藏着丰富的财经知识,从草船借箭的融资行为,到空城计的风险评估,一幕幕景象让人很容易理解那些深奥的财经知识。冯先生透过三国中耳熟能详的故事，用简单的语句和务实的案例让大家理解，对于想了解财务运作及祖国大陆现代经营生态的人来说是最佳教战手册。

台湾两岸华文出版品与物流协会

理事长　沈荣裕

前言

《三国演义》之所以成为世界上影响最深远的历史小说之一，原因不仅仅在于它将那段历史和各色英雄人物鲜活地呈现给人们，还因为它是一座中国智慧的宝库。

这些智慧也不仅仅是用于军事和政治，而且对于今天纷繁复杂的商场也同样适用。三国之间的竞争换个角度不正是当今企业之间日趋激烈的竞争的写照吗？可以说《三国演义》就是一部中国式的商业教材。

资金是企业发展的重点。要发展首先要筹集足够的资金，筹集到的资金只有投放运用才能让它保值增值。不同时机、不同方式、不同结构的投资面临不同的风险和收益。可以说，资本的运营直接关系到企业的成败与生存时间。

在三国纷争之中，各个势力从创建到割据一方的过程中如何充实壮大力量也是重中之重。这里我们就对《三国演义》中的事件进行挖掘，从战略、决策方法、投融资工具到具体的融资模式来对当今企业的投融资问题提供启示，来帮读者解决在企业资金需求及投放方面的部分疑惑。

本书每个章节相关知识点之后都配有与之相关的案例，皆为大众耳熟能详的企业。这些企业之所以能从同行业中脱颖而出，就因为在运作中有自己的优势，而这正是我们需要借鉴的。

在本书的编写过程中，得到了西南财经大学相关老师的热诚支持与帮助，出版社的何春梅编辑为本书提供了很多具有建设性的修改意见，在此向他们表示衷心感谢！

由于编者水平有限，以及当今经济形态无时无刻不在变化，书中可能有疏漏和不足，恳请读者朋友给予宝贵意见，不胜感激。

成都西南财大出版社有限责任公司

董事长

目录

策略篇

策略篇

1

运筹帷幄隆中对，战略分天下

经过对天下形势的初步分析，诸葛亮认为曹操占据了天时，孙权占据了地利，三者已去其二，刘备只能占有人和的条件才能与之抗衡。于是诸葛亮给刘备确定了目标和基本策略，那就是"先取荆州为家，后即取西川建基业，以成鼎足之势，然后可图中原"。这便是从古至今一直被称道的隆中决策。这个著名的决策中，既有战略目标，又有战略措施，可以说是步步为营，但也依据当时的形势和刘备的实力合理划分了阶段。刘备正是在这个正确策略的鞭策之下，一步一个脚印，经过多年坚持不懈的努力，终于成就了一番事业。可以说隆中决策对形成魏、蜀、吴三足鼎立的局面起到了重要的作用。

《三国演义》中的故事虽然描写的是政治、军事方面的事情，但商场如战场，这些在企业的经营活动之中同样存在。

前期战略的重要性

在当前信息化、全球化、市场化逐步加深的背景下，市场发展和变化的速度也是空前的。企业要生存和发展应该能主动地去适应时代的变迁，自觉地去迎合市场的需要和迎接挑战，这种情况下，盲目行事是不可取的。虽然边探索边实践的改革开放也推动了我国经济的高速发展，但这种模式可以由整个国家来承担后果，如果换作企业，要承担的风险则非常之大，不输则已，输则彻底。因此，企业在进行任何市场行为之前，首先需要确立一个长远的策略，既可以为企业活动提供依据，也可以激励企业并为之提供奋斗的动力，为领导者和员工提供精神支持。同时，从未雨绸缪应对未知风险角度来看，前期策略也应该是预先找好退路，这样即使失败也不会无路可走。

战略确定以后，要对企业的经营目标和经营方针形成一个总的框架，规范企业的经营范围和规模，制约企业的组织结构和管理体制，进而影响企业的发展方向和盛衰存亡。因此关于战略的制定，就不能盲目随意。在制定之前，必须先切实分析外部环境和自身条件。外部环境是企业所面对的环境，需要分析其中所隐含的机会和风险，然后结合自身的实际条件，比如资金、技术、核心竞争力等条件来制定出符合自身发展的战略。

对于企业的投融资活动也是如此。金融机构或者投资人在决定是否贷款或者投资给某个企业之前，首先是要考察该企业的经营计划是否切实可行，这个计划就是由战略决定的。而经营计划又在很大程度上影响着企业的现金状况和偿债能力。投融资活动中的另一个重点就是拥有一个优秀的经营团队，有丰富经验的、良好业绩的经营团队可以在投融资过程中保持利益最大风险最小。团队的组建受管理体制的制约，管理体制又是由企业战略决定的，因此，归根结底，起根本作用的还是企业战略。

　　与企业战略有直接联系的还有投融资之前的预先规划。凡事预则立不预则废，企业在资本市场中的运作也不例外，预先规划不仅仅是预测未来收益和执行措施，更重要的是可以预测风险以便制定应对策略，从而使企业在危机时不至于无路可退。

　　商机引导并驱动企业战略，然后又驱动了企业的财务需求、财务来源和交易结构以及财务战略。一旦市场商机的核心和抓住商机的战略被明确定义，并且确实存在实施的可能性，就可以按照营业需求和资产需求来考察财务需求，从而进一步明确筹资计划、投资计划和交易结构。

　　每项筹资战略及与之相配合的交易结构，都会使公司的行动产生实际或实时成本，这些行动可能会增强或减小未来的融资选择权。类似地，每个融资源都有各自的特定要求和成本——显性成本和隐形成本——该成本对财务战略和财务要求都有影响。企业的决策者要意识到潜在的风险，并且在评估和选择资金来源与投放方向并与之谈判和建立商业关系时认真"榨出细节"并保持谨慎。只有这样做，才有可能在合适的时间，科学合理地利用资金，同时，更有利于避免潜在的错误匹配所导致的风险。

　　隆中对给我们的启发是：行动之前必须要有策略，否则就像早期的刘备屡遭挫折。

适时调整行动目标

　　前期策略除了给企业的行动提供了规划以外，还给企业树立了一个要达到的目标，这个目标不仅仅是企业和企业全体成员奋斗的精神动力，更是行动的主题，没有目标就无所谓行动。但是，由于宏观环境和自身条件都处在变化当中，因此，目标也不是一成不变的，作为企业的经营者和管理者，必须适时地调整目标。

　　对企业行动目标影响最大的是宏观经济环境。最典型的就是我国改革开放前后的经济环境变化，很多国企正因为不懂变通、不去顺应市场经济潮流而被淘汰出局。在 2008 年金融危机之后，我国沿海地区的出口加工行业受到沉重打击，依旧以出口为主的企业日渐低迷，而将经营重点转向内需的企业则获得了生机。再者，在国家货币政策相对宽松的情况下，银行信贷融资是较好的方式，但在信贷紧缩的情况下，就需要转向其他的融资方式，比如租赁融资、典当融资等。当然，目标并不仅仅是方式的变化，还涉及在不同环境中筹集或投放资金数额的调整。要根据环境和自身条件的变化不断调整，才能与现实更好地契合，从而保持盈利的持续性。

鲁肃坚持联合刘备，告诉了我们：战略意图要清醒，但更要审时度势、适时变通。

选取最优方案

最优选择，是企业战略中经营决策的又一个重点。战略从整体上、宏观上把控企业的方向，在总体战略的基础上企业会制定具体的决策。现实环境是复杂多变的，因此企业会先拟定多个可行方案，最后从中选取最优的一个实行。如何从多个方案中选取最优的以及保证选择的准确性就成了企业未来成败的关键。

被视为现代决策科学的代表人物西蒙认为："决策包括了三个主要含义：决策机会的寻找，可行行为方案的发现，从几个方案中选择一个的活动。"《三国演义》也给了我们这方面的启示，对方案必须进行评估和优选。但三国时期方案的优选是领导或者个别智囊人物凭借经验或学识进行的，放到今天就产生了局限性。当今，现代管理科学为这种方案的优选提供了很多评估技术，能否熟练准确地使用这些技术就成了衡量企业能力和方案可行性的又一个标准。

以项目投资为例，如企业面临多个可选择项目，在资金规模一定的情况下，要选取投资收益最高的一个，但出于机会成本和未来风险的考虑，所选项目是否盈利都有不确定性。因此，在实施投资前，企业决策者就应该在考虑资金的时间价值和机会成本以及风险因素的情况下，再结合当前情况与未来的发展趋势对所选项目应有的收益作出合理的预期和测算，当然这个预期和测算是建立在资料搜集详尽的前提下并用先进科学的技术方法进行的。在得出结果之后，再结合企业具体情况和外部环境，选取收益最大但风险最小的项目。

　　<u>刘备问计庞统让我们知道：行动方案要选取最优的才能有效，否则只是做无用功。</u>

典型现代案例
"三步走"成就医药王国

　　华生制药是全球第三大仿制药生产商，华生制药从创立之初 100 万美元的资产发展到后来的市值 32.2 亿美元，可以说正确的策略起到了相当重要的作用。

　　在美国国会通过了允许仿制药抢占医药市场伊始，董事长赵天宇就创立了华生制药。当别人才着手成立仿制药厂时，华生制药已经开始投放第一支仿制药。在美国仿制药市场的占领上，华生制药先通过技术门槛较低的"利尿剂"来以速度抢占市场。在开发利尿剂的同时，也开发口服避孕药这种技术门槛相对较高的药品。虽然当时全球口服避孕药市场不大，但由于当时华生制药的资金不足，所以只能精选利基市场。接下来，在口服避孕药市场中，华生制药采取"一网打尽"的策略，开发了多达 27 种避孕药，几乎囊括了所有潜在顾客。当小众的利基市场开始高速成长时，华生制药就因为早就打好的基础而稳收市场成长带来的利润。在资金获得保证之后，华生制药开始了对其他药厂的并购，通过并购仿制药厂安德克斯公司（Andrx），华生制药不但获得 15 种"缓释性剂型"的专利，还打通了安德克斯公司的中小型医院与地方药店的渠道，让原本只专攻大型医院、诊所与连锁药店渠道的华生制药的市场布局更为完整，成为全球第三大仿制药厂。

　　华生制药董事长赵天宇有几句话正说明了这一点。"就好像下围棋，我已想到未来五年的扩张布局，但前提是要抢占一个据点，才能开始下一步。""任何一个五年布局，几乎都按照我们原先的规划进行，中途或许有些偏离，但大方向从来没有错过，就像北极针永远朝着北极方向一样。"

2

好谋无决官渡败，决断出商机

典故

　　袁绍军中，望见西北上火起，正惊疑间，败军投来："粮草被劫！"绍急遣张郃、高览去截大路，正遇徐晃烧粮而回，恰欲交锋，背后张辽、许诸军到。两下夹攻，杀散袁军，四将合兵一处，回官渡寨中。曹操大喜，重加赏劳。又分军于寨前结营，为掎角之势。

　　却说韩猛败军还营，绍大怒，欲斩韩猛，众官劝免。审配曰："行军以粮食为重，不可不用心提防。乌巢乃屯粮之处，必得重兵守之。"袁绍曰："吾筹策已定。汝可回邺都监督粮草，休教缺乏。"

　　……

　　绍曰："曹操诡计极多，此书乃诱敌之计也。"攸曰："今若不取，后将反受其害。"正话间，忽有使者自邺郡来，呈上审配书。书中先说运粮事；后言许攸在冀州时，尝滥受民间财物，且纵令子侄辈多科税，钱粮入己，今已收其子侄下狱矣。绍见书大怒曰："滥行匹夫！尚有面目于吾前献计耶！汝与曹操有旧，想今亦受他财贿，为他作奸细，啜赚吾军耳！本当斩首，今权且寄头在项！可速退出，今后不许相见！"许攸出，仰天叹曰："忠言逆耳，竖子不足与谋！……"后人有诗叹曰："本初豪气盖中华，官渡相持枉叹嗟。若使许攸谋见用，山河争得属曹家？"

　　——典出《三国演义》第三十回：战官渡本初败绩　劫乌巢孟德烧粮

曹操与刘备煮酒论天下英雄时曾这样形容袁绍："色厉内荏，好谋无断；干大事而惜身，见小利而忘命，非英雄也"。这正说中了袁绍的致命弱点——优柔寡断，患得患失。官渡之战中，袁绍起初占据优势，而在曹操善择良策、攻守相济、屡出奇兵、巧获人才的情况下，逐步扭转颓势，最终取得胜利奠定统一北方的基础；反观袁绍，内部不和，又骄傲轻敌，刚愎自用，屡拒部属的正确建议，迟疑不决，一再地丧失良机。终致粮草被烧，后路被抄，军心动摇，内部分裂，而全军溃败。以袁绍当时的实力，如果再有领导者该具备的果断英明，那么说不定不仅是曹操与袁绍之争，甚至三国的历史都会被改写。但是历史没有如果，正是因为好谋无断、患得患失，袁绍最终一败涂地。

商场上同样如此，从来不缺少机会，只是看能不能抓到机会。成功的企业正是成功地看准了时机、抓住了机会，才使企业不断扩大变强。这就要求管理者必须敢于决断，善于决断。

抓住商机，果断行动

对于投融资来说，一旦进入资本市场，慢一步或许就会被竞争者超越。确定策略、规划和目标之后，要行动就要立刻行动。管理者的决策总是针对着一定时间和一定条件的，这不仅要求决策方案的制订要有创造精神，而且要求决策方案的制订和实施要讲究实效。

机会总是稍纵即逝的，抓住机会迅速行动，便是成功者；抓住机会犹豫不决，只能看着机会转向别人手中。因此说，犹豫不决不只是战场的大忌，商场上同样如此。同一个方案，早制订、快实施，可能得到巨大的收益；晚制订、慢实施，就会减少收益甚至亏损。同样，在出手快的同时，离市也要快。市场的走向是不受个人的主观愿望左右的，如果经济出现较大波动甚至有衰退的迹象，那么就要立即抽离资本市场，这才是避免损失过重最好的方法，不要妄想心存侥幸。只有顺势而为，才会再有机会。

再者，投资是为了获取利润，融资也有融资成本，利润和成本都是随着时间的变化而变化的。资金具有时间价值，相同的情况下，时间越长，资金的时间价值就越大。资金只有在流动中才会产生价值，在相同的时间内，周转的次数越多，获利就越多。从这个角度来看，果断行动不但避免了机会的流失，也在很大程度上减少了资金价值的流失。

曹操远征乌桓告诉我们：行动一定要以快制胜才能抓住机会直捣黄龙。

从全局着手，迅速决断

融资是为了获取资金，投资是为了获取利润，但前提是必须进入到资本市场，只有进入市场才能发现并抓住机会。将资金投入到资本市场中，要获取的是未来的收益，而未来具有不确定性，因此，不管投资还是融资都是有风险的。如果因为惧怕风险而患得患失或者是一味地纸上谈兵，那么即使没有风险，也不会有利润。

尤其是企业的决策者，一旦有了目标，就应该有迅速决断的能力和魄力。但并不是盲目的决断，那样就成了武断，只能适得其反。这个迅速是建立在对宏观环境正确判断的基础上的，从融资角度来看，企业要选择最佳的融资机会。融资机会是指由有利于企业融资的一系列因素所构成的有利的融资环境和时机。企业选择融资机会的过程，就是企业寻求与企业内部条件相适应的外部环境的过程，这就有必要对企业融资所涉及的各种可能影响因素做综合、具体的分析。一般来说，要充分考虑以下几个方面：一是由于企业融资机会是在某一特定时间所出现的一种客观环境，虽然企业本身也会对融资活动产生重要影响，但与企业外部环境相比较，企业本身对整个融资环境的影响是有限的。在大多数情况下，企业实际上只能适应外部融资环境而无法左右外部环境，这就要求企业必须充分发挥主动性，积极地寻求并及时把握住各种有利时机，以确保融资获得成功。二是由于外部融资环境复杂多变，企业融资决策要有超前预见性，为此，企业要能够及时掌握国内和国外利率、汇率等金融市场的各种信息，了解国内外宏观经济形势、国家货币及财政政策以及国内外政治环境等各种外部环境因素，合理分析和预测能够影响企业融资的各种有利和不利条件，以及可能的各种变化趋势，以便寻求最佳融资时机，果断决策。三是企业在分析融资机会时，必须要考虑具体的融资方式所具有的特点，并结合本企业自身的实际情况，适时制定出合理的融资决策。比如，企业可能在某一特定的环境下，不适合发行股票融资，却可能适合银行贷款融资；企业可能在某一地区不适合发行债券融资，但可能在另一地区却相当适合。

在这个基础上，从企业整体价值和未来利益出发，再依据具体的现实情况，迅速地作出决断。这就要求必须有全局观念，统筹兼顾，全方位进行思考，防止顾此失彼，出现纰漏。当然，全局也是由各个部分构成的，因此，要考虑全局，也要重视局部。而袁绍看不清天下大势，只顾及自己眼前的利益，再加上优柔寡断，那么最终失败也就没什么意外了。

袁绍的失败让我们知道：优柔寡断、好谋无断只会放任机会流失而导致全盘崩溃。

典型现代案例
第一家肯德基店的故事

1987 年 10 月，王大东在北京开设了我国的第一家肯德基快餐厅，首次把美国的快餐文化引入了我国。这家店的地址在前门，当时很多记者追问的问题之一就是为什么把店址选在这里。

这个地点是王大东最初的选择。这家肯德基店一共三层楼，1 500 平方米，是当时全世界最大的肯德基餐厅。业主最早开出的房租是每年 36.5 万元，相当于每天 1 000 元。但在最后关头，业主又附加了条件：租期为 10 年，并且一次性付清房租。

按照当时的汇率，肯德基在北京的注册资本也不过 370 万人民币。还没有正式营业，仅房租一项就要先支出 365 万元。但王大东并没有犹豫，而是果断地答应了业主的条件。这个做法让很多下属员工都有些不满，仅剩 5 万元钱，还能否正常开业都是未知。

但后来的事实证明，王大东的决定是正确的。他仅用了 10 个月就收回了这家店的全部投资。可见王大东当机立断的正确性是毫无疑问的。但他之所以这么迅速答应，也是建立在理性判断的基础上的。当时，前门是北京客流量最大、消费最集中的区域之一。王大东在这之前做了很多的调查、预估以及预算等相关的准备工作，甚至把炸鸡拿到街上让行人试吃。在这个基础上，开始了中国第一家肯德基店的经营之路。

因此，不受环境影响而做到伺机而断是投资能否成功的决定性因素之一。

3

知己知彼擒孟获，调研定胜负

吕凯遂取一图，呈与孔明曰："某自历仕以来，知南人欲反久矣，故密遣人入其境，察看可屯兵交战之处，画成一图，名曰《平蛮指掌图》。今敢献与明公。明公试观之，可为征蛮之一助也。"

……

赵云、魏延见孔明不用，各有愠色。赵云请魏延到自己寨内商议曰："吾二人为先锋，却说不识地理而不肯用。今用此后辈，吾等岂不羞乎？"延曰："吾二人只今就上马，亲去探之；捉住土人，便教引进，以敌蛮兵，大事可成。"云从之，遂上马径取中路而来。

——典出《三国演义》第八十七回：征南寇丞相大兴师 抗天兵蛮王初受执

却说孔明自驾小车，引数百骑前来探路。前有一河，名曰西洱河，水势虽慢，并无一只船筏。孔明令伐木为筏而渡，其木到水皆沉。孔明遂问吕凯，凯曰："闻西洱河上流有一山，其山多竹，大者数围。可令人伐之，于河上搭起竹桥，以渡军马。"孔明即调三万人入山，伐竹数十万根，顺水放下，于河面狭处，搭起竹桥，阔十余丈。

——典出《三国演义》第八十九回：武乡侯四番用计 南蛮王五次遭擒

为了能够有稳定的后方，诸葛亮领兵亲征南蛮。虽然南方诸部落比较落后，但地理复杂、民风未识，草率出兵很可能不胜反败。于是诸葛亮采取正确的策略，七擒七纵首领孟获，最终使对方心服口服，稳定了蜀汉政权的后方。在这个过程中，诸葛亮和诸将的亲身调研是制定正确战术的基础。首先是吕凯派人密探多年制成的地图，然后赵云、魏延先捉拿当地土人询问情况，而诸葛亮更是亲力亲为，亲自考察水文地理天气等，制定正确的用兵策略。

商场的争斗虽然没有生命的危险，但也是危机四伏，竞争对手无处不在。一个企业长久生存就是建立在不断地战胜竞争对手的基础上的，而在竞争中，绝处逢生的关键因素之一就是对自己和对手的了解程度。《孙子兵法·谋攻篇》有云："知己知彼，百战不殆；不知彼而知己，一胜一负；不知彼，不知己，每战必殆。"企业只有真正全面地了解自己和对手，才能针对各种情况作出正确的竞争策略和应对措施，即使在危急关头，也能及时快速地调整而不至于损失过重，甚至还能反败为胜。

对投融资对象要详细调查

企业的决策者提出一个目标很容易，但如果提出目标就盲目行动，那么这个目标注定无法达成，只会失败。资本市场中也是如此，投融资活动直接关系到企业的现金流，进而影响企业的经营活动，对企业的价值和股东收益都有重大影响。因此，做出投融资决策之后，一定要谨慎行事，首先是对投融资对象要详细调查、充分收集分析对方的有关信息，再结合自身情况来综合分析。现代技术下，还可应用计量模型来预测风险以及评估未来收益率，寻找风险与报酬的平衡点，以便检测是否真正有利可图。

这方面就体现了信息的重要性，虽然可以通过财务报表来分析投融资对象的经营活动，但对外的资料毕竟有其缺陷和不可信之处。因此，就应当收集与其有关的全部信息，从中分辨出对自己行动有帮助的信息。

那么在这个信息爆炸的时代，面对多如牛毛的各种信息，哪些信息可以为投融资行动提供建议呢？简要概括就是以下几点：

(1) 国家重要的经济政策及其措施

(2) 国民经济的一般统计资料

(3) 上市公司的经营动态

(4) 金融及物价方面的统计资料

(5) 股票市场的相关统计资料

(6) 突发性的非经济因素

曹操除掉蔡瑁、张允告诉我们：要仔细分辨信息的真实程度再做出决策，否则等待的只有损失而不是利益。

正确的自我评价

资本市场中，资金成本的大小取决于风险的高低，而抗风险的能力就决定了企业在资本市场中的收益。风险高的项目往往收益也会较高，但企业如果仅仅看到收益而不考虑自身抗风险的能力就进行投资，那么失败的可能性将远远大于成功。

企业的自我评价，首先要清楚自己是否需要进行筹资活动以及资金情况是否允许从事主营业务之外的投资活动，这就需要对企业本身的资产负债进行分析；其次为是否有一个完善的团队和抗风险的能力，一个完善的团队应该有未雨绸缪的能力，虽然不能完全预测出风险，但合理的预期则可以将风险的影响减少到最小，从而寻求到最佳的风险报酬比；再次是选择适合自己的渠道与工具，投融资渠道和方式有很多，不是看哪种热门就跟哪种，关键还是要符合自身的实际情况。

关于企业正确自我评价很重要的一点就是企业的自我定位。在进行投融资之前，企业首先应该对自己有一个明确的定位，可以说这也是其他经营活动的前提，即清楚自己处于哪个时期、需要多少资金、获取资金的方式、可以承受的成本、与合作方的关系形式等。这里最重要的则是确定自身所处阶段，因发展阶段决定了资金需求、筹资方式等。

通常情况下，以生产型企业为例，根据生命周期理论，企业可以分为种子时期、创建时期、扩建时期、发展时期、杠杆式买入时期以及公开上市时期。对于企业的创建者和决策者来说，应该清楚企业在不同阶段所具有的特点是不同的，因此对资金的需求和运作方式也不相同。下面具体说下企业所处的六个不同时期。

第一，种子时期

种子时期的企业特点是企业仅有产品构想或未来产品原型，甚至仅仅是对一种产品的创意或构思。对企业的创建者或者决策者来说，此时最大的困难就是如何为其创意获取资金，毕竟未来收益都具有不确定性，投资者也因持有怀疑态度而可能不会轻易投放资金。

第二，创建时期

创建时期的企业所具有的特点是已完成产品的原型和经营计划，但产品仍未上市，资金主要用于购置生产设备、产品的开发及营销方面。在这个阶段，企业面对的主要问题是市场风险。此时企业一方面要继续投资于产品的改进和生产设备的维护上，另一方面企业还应该将主要的财务和物力投放在市场的开发和拓展上。这时企业筹资的难点就在于如何使投资者或者债权人相信自身的市场前景以及是否有完善的经营策略。

第三，拓展时期

拓展时期的企业特点是已经成功开发出在市场上有生命力的产品或服务，但尚未达到盈亏平衡点。在这个阶段，扩大再生产成为了企业的当务之急，但控制企业的发展节奏也变得重要。此时，企业吸引投资就变得相对容易，但应注意的是要控制好企业的股权。

第四，发展时期

发展时期的企业具有的特点是已超越盈亏平衡点，急需追加资金。此时企业开始盈利，市场占有率稳步上升，企业发展前景良好，但所需资金数量也变得更大。这时企业可以选择较稳健的资金来源，如依靠自身的积累来推动企业发展，但这样的发展速度较慢；或者可以选择风险投资，发展时期的企业面临的风险较小，是风险投资乐于投资的对象。

第五，杠杆买入时期

所谓杠杆买入是指企业的管理者借助于创业基金买下该企业的行为。所以，在这个时期，企业的管理者一般会以借债的方式寻求所需资金。这时企业面对的主要风险是财务风险，如何负担沉重的债务利息是重点。

第六，上市时期

上市时期的企业特点是经营规模与财务状况均接近上市公司审查的要求条件并计划安排上市。这一时期企业筹资变得容易，因为在上市之后就可以解决债务问题，而上市本身也是募集资金的行为。

绝大部分企业的发展周期都能与此规律密切配合，同时，应该结合企业所处的行业特性进行分析，比如 IT 行业和传统行业，其企业生命周期的时间差别很大，特别是互联网行业，是一个快速变化的行业。因此进行企业自我定位的时候，应该从企业的发展阶段和行业特征两个角度来进行分析。

企业在发展过程中的每个阶段所面临的风险和运营策略不同，因此其资金的筹集和投放计划也不相同。根据发展阶段和行业特征，可以大致确定一个当期战略，是发展型、稳定型，还是紧缩型，从而进一步合理科学地制定资金筹集和投放计划。

马超的经历告诉我们：对自身是否具有明确定位是成功与否的关键，否则还是找个英明的领导者比较好。

确定资金需求

如何合理地评估和确定所需资金一直是企业的经营者面对的重要难题，因为在经济活动中机会成本是不可避免的。企业所需要的资金与前面提到的企业所处的发展时期是相关的。从种子时期开始，每一时期企业需要筹集和可以投放的资金都不同。另外，企业在确定所需资金的过程中，为了持续发展的需要，还要确保下一阶段的资金成本要比上一阶段的资金成本低。也就是说，企业所获得的资金不但要能保证完成阶段任务，而且还必须能保证相关的业务有本质性的进展，即获取计划中的收益。

比如，为了本阶段所需资金而出售企业 30% 的股份，那么，下一次筹资只需要出让 10% 左右的股份；也就是说，虽然所需资金越来越多，但付出的资金成本却越来越少。

对于资金需求的确定又涉及了资本结构和资金成本的问题。

资金成本是指企业为筹集和使用资金而付出的代价，简单地说，就是企业融资的资金成本和使用投放资金的占用成本。资本结构决策的标准之一就是企业资金的加权平均成本最低，同时这也是优化资本结构的目的之一。很大程度上资金的成本是由资金结构决定的，进而影响企业的融资结构和投资结构，最终影响到企业的资本运作和盈亏收益。因此说，合理安排资本结构除了有利于确定资金需求以外，还可以降低企业的综合资本成本，获得财务杠杆利益，达到增加公司的价值的目标。

资本结构决策的标准通常被认为：①有利于最大限度地增加所有者的财富，能使企业价值最大化；②企业的加权平均资金成本最低。由此，在调整企业资本结构决策时，就应该对各项资金比例有个合理规划。这又涉及一个不可避免的问题，即在进行资本结构决策时，方式与渠道开放选择的情况下，如何具体选择。

现实中的企业，不可能总是在要通过资本市场融资时调整资本结构。在企业的日常经营中，也同样面临许多资本结构决策的问题。可以说企业的资本结构决策将更多地依赖于本身资产的灵活性，因为融资的原因，除了规模扩张，资金不够外，主要在于流动资金过多地被占用，资产灵活性不够，其运作能力、变现能力、收益能力不高。因此，在企业的日常经营中，企业资本结构决策时应拓宽决策的方式和渠道。

《出师表》告诉我们：目标一定要明确具体，对于流动资金也一样，明确需求才能做出正确决策。

典型现代案例　　一、麻辣福寿螺的成功

　　1997 年，严琦的麻辣福寿螺在重庆可以说是家喻户晓。随着生意的火爆，她也不再满足于只有一家小店，希望能有更大的发展。于是，她在重庆周边开设了加盟店。但是，几家加盟店很快就纷纷倒闭了。严琦分析原因时发现，关键是那时她对于加盟没有一套完整的管理制度。她只是把厨师输送去了加盟店，但厨师不懂管理，甚至加盟商也不懂。而且加盟商与严琦想把企业做大的想法也有区别。他们只考虑赚钱，只是想在最短的时间，利用这个品牌创造最大的利润。这些分歧的存在，必然导致加盟店失败。加盟店的失败，促使严琦调整扩张发展的思路：少做加盟，而多选择联营合作和直营的方式。

　　2000 年，她在重庆市区开了一家直营的精品店，因为有以前老店的名气，一开业生意就很好。2001—2002 年，严琦在重庆闹市区又相继开业四家精品店。这时，除了把麻辣福寿螺作为当家菜，还推出芋儿鸡、串串兔等特色菜品。2002 年，严琦以重庆为基点，重庆精品店为样板，向全国各省市迅速扩张并取得了成功。

　　餐饮业面对的是个喜新厌旧的消费者群体，为了迎合消费者对新口味的追求，众多餐饮企业崛起又迅速倒下，有的源于故步自封，但很大一部分是败在盲目扩张上。而严琦的麻辣福寿螺却成功了，关键就是对企业自身有正确的认识，而不是盲目扩张。

　　在开始盲目开设加盟店失败之后，严琦清楚认识到了餐饮业经营的弊端，除了开设直营店统一管理和推出招牌产品外，为了解决大规模发展所需的人员问题，严琦开办了一家餐饮培训学校。对厨师、服务员、管理人才进行业务培训、规章制度和企业历史的教育，通过艰苦的培训提高员工的纪律意识，为企业的长期发展打下了基础。同时，在麻辣福寿螺之后又推出了其他的菜品来满足不同顾客的口味，以保持客源。因此，严琦的麻辣福寿螺成功了。

二、胡志标的"爱多"一梦

大企业都是由小企业发展而来的，正是因为他们在每个发展阶段都对自身有正确定位，制定并施行了符合切身情况的战略和规划，进而选择了正确合理的资金策略，才逐步积累越做越大。与之相反的是，企业如果在发展中错误地定位，选择了错误的资金策略，那么即使初期形势再好，最终的结果也是要被市场淘汰的，比如曾经家喻户晓的"爱多"。

"爱多VCD"的出产商广东中山爱多电器公司是胡志标于1995年创立的，主营VCD项目。虽然只有早期积累的少量资本，但爱多VCD仅仅用了6个月的时间就使产品销售范围覆盖了广东全境。随着完成全国的推广运动，爱多的销售额也开始大幅度地增长，很快就出现在中国电子50强的排行榜上。发展速度可谓相当地快。

但随着爱多的超常规成长，在巩固已有的市场份额前提下，进而寻找新的增长空间，成为摆在胡志标和他的团队面前的难题。这其中主要的就是资金的问题，因为在这种快速发展模式下，爱多的可投入资金是相对缺乏的。

在这种情况下，胡志标以当时爱多VCD的市场占有率为凭借，要求所有的经销商都"现款现货，款到发货"，这个要求虽然不太合理，但由于爱多VCD在商场上的优异表现，绝大部分销售商都同意了这种供货方式，先交付货款，再提取货物。依靠规模较大的预收款项，爱多获得了一定的发展资金，但这些资金并没有投入到生产中。

1996年，VCD市场展开了一场惨烈的降价战，爱多也受到了这次降价大战的影响，销售额出现萎缩。1999年3月，爱多内部股东与企业负责人胡志标在股权与资本金上产生了纠纷。这个事件进一步蔓延，由企业内部股权纠纷影响到了与企业有合作关系的上下游企业。在上游供应商要求爱多偿还债务的情况下，下游经销商又要求提货，因此爱多的资金出现了断流，胡志标也最终被捕入狱。

胡志标在资金很少的情况下，一手拿着经销商的预收货款，一手欠着供应商的应付账款，利用别人的钱在周转，甚至当年还有很多人吹捧他这种"空麻袋背米"的资金运营模式。但预收账款实质上也是一种债务，对于企业来说，虽然预收款项可以增加流动资产，从而提高运营资本，但也提高了资产负债比并且受市场影响很大。因此 VCD 产业一旦出现销售不好的局面，整个企业就马上倒闭了。胡志标的"爱多"一梦也破灭了。

出现这种现象的主要原因就是在对自身定位错误的情况下又选择了错误的融资方式。很多经营者经常因为把握不好资产和融资之间的对应关系而犯错误，比如拿短期借款去做长期投资，就像爱多这样，必然会出现经营风险，以致破产。

4

木流牛马辟蹊径，创新赢资产

典故

忽一日，长史杨仪入告曰："即今粮米皆在剑阁，人夫牛马，搬运不便，如之奈何？"孔明笑曰："吾已运谋多时也。前者所积木料，并西川收买下的大木，教人制造木牛流马，搬运粮米，甚是便利。牛马皆不水食，可以昼夜转运不绝也。"众皆惊曰："自古及今，未闻有木牛流马之事。不知丞相有何妙法，造此奇物？"孔明曰："吾已令人依法制造，尚未完备。吾今先将造木牛流马之法，尺寸方圆，长短阔狭，开写明白，汝等视之。"……众将看了一遍，皆拜伏曰："丞相真神人也！"过了数日，木牛流马皆造完备，宛然如活者一般；上山下岭，各尽其便。众军见之，无不欣喜。孔明令右将军高翔，引一千兵驾着木牛流马，自剑阁直抵祁山大寨，往来搬运粮草，供给蜀兵之用。

——典出《三国演义》第一百零二回：司马懿占北原渭桥　诸葛亮造木流牛马

诸葛亮率军从斜谷直到剑阁，连续攻下魏军十几座大寨。但随着距离蜀军的大后方岐山越来越远，粮草的供给问题也凸显了出来。于是，诸葛亮设计制造了一种新型的运输工具，就是传说中的木流牛马。木流牛马不吃草不饮水，可以昼夜运转，相比人力极大地提高了运输效率，克服了祁山远在千里之外以致粮草运送不便的问题，为部队的军事行动提供了保障。

用兵讲究出奇制胜，在商场中也同样适用。应以创新思维去发现市场的潜在需求，去投资常人不注意的投资方向、生产方向、产品价格、销售渠道等，进而获利。

决策要新

在市场竞争中，企业要出奇制胜，创新就是强有力的方法之一。比如商品市场中，面对众多同类产品，企业只有让自己的产品具备区分度才能够引起消费者的关注，这就需要创新。

唯有层出不穷的创新意识，才能化腐朽为神奇，使企业立于不败之地，这在企业的投资方面亦是如此。首先是创新性强、具备开发潜力的产品吸引投资的难度小；其次是在企业本身投资方面也要具备创新思维，如新型投资工具或者金融产品的应用。对于进入市场的时机，也往往是越早进入获利越多。

在投资活动中往往由于思维定势的存在影响了决策的创新。投资是建立在对成功预期这一基础之上的，一旦确定了目标，人们对利益的追求就会转化为对投资目标的追求，追求目标的过程强化着实现目标的愿望，日益强化的愿望会使人的意识集中于特定的方向或固定的对象，于是就产生了思维定势。而这种思维定势就是要靠创新来打破。

投资可以看作是资源重新整合的过程。在资源完备的前提下，如果布局资源能使企业在最小成本下获取最大收益，那么便需要创新方案去进行有效的投资。在资源有限的情况下，创新意识更是重中之重。合理、有效地利用已有资源并抓住有利时机，以便获取投资收益的前提是创新思维、转变角度。形成超前的意识进而获取出人意料的信息，这样才能形成属于自己独有的"绝招"，如战场征战一样，出奇制胜。

投融资模式要创新

投融资策略受不同国家和地区的不同政策环境及企业的实际情况所限制，很难有通用的策略，这就需要我们从实际出发，在借鉴中创新。

以最常用的融资方式——银行贷款为例，贷款难是很多企业融资时的最大感受，尤其是中小企业。但银行对于贷款的限制不是专门针对这些企业的。比如，要求企业信用级别高，要求有厂房、土地、办公楼等抵押物。而现实中很多企业不符合银行规定的这些贷款条件，一般缺少足够的抵押资产，寻求担保非常困难。这对于银行来说，就需要进行信贷方面的创新。

这种创新可以是自上而下的，由政府主导，这也可以说是一种机制和政策上的创新。比如宜昌市政府推动的"优选闭合贷款法"，就是因地制宜制定的银行贷款方法，使银行企业双方都受益。在我国融资服务链还不完善、融资体系尚不健全的情况下，这种自上而下的信贷模式创新尤其显得必要。对于企业来说，尤其是中小企业，应该善于利用政策机制。

在现有的融资框架下，由企业、银行等微观主体推动的自下而上的信贷模式创新也同样是非常重要的。比如，银行可以放松对抵押资产性质的限制，开设动产抵押等系列融资业务。现今司空见惯的抵押方式在最初也是创新之举，如以无形资产作为抵押贷款。比如，对于销售流通快、市场前景好的产品，银行甚至采取与过去的贷款操作流程相反的方式，允许这些中小企业"凭空"获得贷款。商家通过先贷款进货，之后再将货品进行抵押。虽然银行对于中小企业贷款一般都比较慎重，但好的贷款项目它是不愿放过的。因此，关键是银行和企业应该共同寻求融资模式的突破和创新。

对于其他的融资或者投资方式也是如此，只要有创新思路和创新方法，就可以获得意想不到的结果。

孙策战曹操告诉了我们：市场竞争中一定要打破窠臼、以奇制胜。

典型**现代案例** 　　　　一、"引狼入室"的好处

　　阪急百货店是日本著名的连锁百货商店之一，在日本以外也有多家分店。一直让人称道的除了它的悠久历史之外，还有它在百货商场经营模式上的创新。

　　阪急百货店的创始人小林一三是日本历史上著名的实业家，从事过铁路建设和城市开发以及物流经营等，也出任过明治朝廷的商工大臣，也是在日本很著名的东电公司、东宝公司的董事长。

　　在阪急百货店营业之初，小林一三将当地一家著名的咖喱饭店请到了新开业的阪急百货店里来经营，并且请该店把咖喱饭的售价降低四成，自己来补偿这四成的差价。在经营者的惯性思维下，都希望可以垄断经营来获取高额利润，将比自己著名的店引进同自身竞争并且补偿差价的做法在人们看来无疑是"引狼入室"的做法。决定之初，上至阪急百货店的董事，下至员工都对这个决定有质疑，甚至持反对意见。在小林一三的坚持下，这个计划得以实行。

　　咖喱饭店开业之后以其物美价廉吸引了很多大阪市民的光顾，比外面便宜近一半的售价但同样美味的咖喱饭一下子成了热销产品，吸引了大批的顾客来到百货店。由于连带效应，顾客们虽然是因为咖喱饭来到百货店，但并不是仅仅消费咖喱饭，小林一三的百货店生意也跟着水涨船高，营业额上涨了六倍之多。与增加的利润相比，他补偿给咖喱饭店的差价也就微不足道了。

　　现在餐饮店进驻百货大厦已经司空见惯了，但在当年绝对是创新的举措。这件事正反映了小林一三超前的投资眼光、创新的思维带来了可观的收益，同时也创造了一种新的营销组合方式，使他在投资的路上越走越远，也越走越顺。

二、百年柯达悲剧落幕

提到柯达，应该说绝大部分人都知道，不仅仅是大街上经常见到的冲印打印店，还有那句感动了无数人的经典广告语"串起生活每一刻"，无数人的生活点滴也因柯达胶片而留下记录与回味。而柯达公司也曾是世界上最大的影像产品及相关服务的生产和供应商，但这位胶片相机时代的巨人却在数码相机时代失去了优势地位，以致在 2012 年 4 月正式宣布破产，连著名的"柯达剧院"也一同悲剧落幕。而引发这一悲剧的重要原因就是柯达公司在创新的潮流中被竞争对手超越，同时因迷恋既有优势，以致积重难返。

柯达公司于 1976 年就开发出了数字相机技术，但是只将其应用到航天领域。随着数字相机技术的推广和成熟，昔日的竞争对手，如富士，加大了数码相机产品的研发与生产力度。同时，传统的相机生产商也开始投入到数码相机的生产中，不再单纯依赖胶片。

但由于柯达对现有技术带来的现实利润和新技术带来的未来利润之间的过渡和切换时机把握不当，造成了柯达将大量资金用于传统胶片工厂生产线和冲印店设备的低水平简单重复投资，挤占了对数字技术和市场的投资，增大了退出以及更新成本，使公司陷于"船大难掉头"的窘境。据统计，截至 2002 年年底，柯达彩印店在中国的数量达到 8 000 多家，是肯德基的 10 倍，麦当劳的 18 倍！这些店铺在不能提供足够利润的情况下，成为柯达战略转型的包袱。过去柯达的管理层都是传统行业出身，49 名高层管理人员中有 7 名出身化学，而只有 3 名出自电子专业。由于决策层迷恋既有优势，忽视了替代技术的持续开发，特别是在市场应用和保持领先地位方面，从而失掉了新产品市场应有的领导份额。从传统胶片与数字影像产品市场占有率的比较可以看出，柯达对传统胶片技术和产品的眷恋，以及对数字技术和数字影响产品的冲击反应迟钝，这在很大程度上决定了柯达陷入危机的必然性。

到 2002 年柯达的产品数字化率也只有 25% 左右，而竞争对手富士已达到 60%，这与 100 年前伊士曼果断抛弃玻璃干板转向胶片技术的速度，形成莫大反差。虽然接下来柯达宣布重新向新兴的数字产品转移的战略转变，但已经难以挽回颓势。百年前采取新技术的速度成就了柯达公司行业巨头的地位，百年后创新的缓慢又让行业巨人迅速倒下。可谓是成也创新，败也创新。与柯达类似的还有曾经手机行业的统治者诺基亚，满足于现状而放缓创新的步伐终究是要被超越的。

现代市场中，创新的重要性更加明显，除了投资于新技术与新领域，还包括投资方式与投资组合的创新。现代资本市场中，系统性风险已经成为金融体系最主要的威胁，而应对系统性风险最主要也是最有效的方式就是投资组合，除了已有的投资方式外，还需要企业继续去创新。所以说，在投资中，创意就是投资者所掌握的最大的资源，也是最宝贵的资源。

投资篇

1

皇叔修习"空手道"，愿景换资金

典故

玄德曰："我本汉室宗亲，姓刘，名备。今闻黄巾倡乱，有志欲破贼安民，恨力不能，故长叹耳。"飞曰："吾颇有资财，当招募乡勇，与公同举大事，如何？"玄德甚喜，遂与同入村店中饮酒。玄德遂以己志告之，云长大喜。同到张飞庄上，共议大事。飞曰："吾庄后有一桃园，花开正盛；明日当于园中祭告天地，我三人结为兄弟，协力同心，然后可图大事。"玄德、云长齐声应曰："如此甚好。"

次日，于桃园中，备下乌牛白马祭礼等项，三人焚香再拜而说誓曰："念刘备、关羽、张飞，虽然异姓，既结为兄弟，则同心协力，救困扶危；上报国家，下安黎庶。不求同年同月同日生，只愿同年同月同日死。皇天后土，实鉴此心，背义忘恩，天人共戮！"

——典出《三国演义》第一回：宴桃园豪杰三结义　斩黄巾英雄首立功

刘备初遇张飞，向其袒露自己光复汉室、平定乱世的志向，张飞在这种感召之下愿意出钱出力。在遇到关羽时也是如此，在这种情况下，三人选择结义金兰共创大业。从此之后，关羽和张飞为了刘备复兴汉室的志向可以说是鞠躬尽瘁直至生命终了。

刘备复兴汉室的志向，其实也可以看作是一幅美好的愿景。关羽与张飞二人在这个美好愿景的吸引下成为了刘备团队中最可靠的成员。在战争中可以以志向来吸引志同道合之人一起战斗。在商场中也是如此，愿景不仅可以吸引到人才，还能吸引投资。那么什么是愿景呢？又如何利用愿景吸引投资呢？

什么是愿景

企业的愿景又称远景，其反映了管理层对企业的期望，提供了未来企业发展的全面景象和发展方向。一般而言，企业愿景大都具有前瞻性的计划或开创性的目标，是企业发展的指引方针。愿景是描绘企业期望成为什么样子的一幅图景，从广义上讲，就是企业最终想实现什么。因此，愿景清晰地描述了企业的理想状况，使企业的未来更加具体化。换言之，愿景指明了企业在未来想要前进的方向。愿景是一幅充满激情的"巨大的画面"，帮助企业员工意识到在企业中他们应该去做的事情。如果企业的愿景简单、积极并充满感情，人们就能够意识到他们将要做什么，但是一个好的愿景也会给人以压力和挑战。

对于企业而言，愿景与使命和目标往往是同时并存的，但又有所不同。愿景与使命相比，从抽象的程度来讲，愿景更具体；从涵盖的时间来看，使命较为长期，愿景较为短期。因此愿景也可以说是企业阶段性的期望。所谓愿景管理，就是结合个人价值观与组织目的，透过开发愿景、瞄准愿景、落实愿景的三部曲，建立团队，迈向组织成功，促使组织力量极大化发挥。

但愿景并不是空洞的，是与企业所处的环境、核心能力、企业资源、企业发展历史等息息相关的，没有根基的愿景只是空想。由愿景再发展出企业的目标，由目标再确定企业的具体任务，也就为实际的运作提供了参考和导向。

　　刘备的发展史让我们知道：合理的发展蓝图也是可以吸引资源、资金与人才的，所以企业一定要有个美好愿景。

风险投资

　　企业是在未来获利，愿景说到底还是存在众多的不确定性，因为企业有完善而全面的战略、策划等投资，基本说来属于风险投资。就像关羽和张飞跟着刘备打天下，不成功便成仁。

　　风险投资是因其投资于高风险的项目而得名。高风险可能带来高回报，但这只是一种预期的高回报，未必所有的风险投资都有高回报。风险投资通常以基金方式来运作，风险投资公司对企业进行投资的目的只有一个，获得高额的收益率。作为一种新的资金配置方式，风险投资在知识经济时代对金融体制的改革产生了重大影响。

　　一般来说，企业进行风险投资主要有四种方式：①成立自己新的风险投资公司；②与其他风险投资公司一同成立合伙人公司；③聘请风险投资公司来管理企业的风险投资基金；④与其他投资机构共同注入一个风险基金。风险是无法完全预料的，因此，任何一种方法都是利弊共存，企业一定要根据自己的实际情况，选择适合自己的风险投资方式，使其能不断地促进企业新产品的开发，以便使企业的资本运营更加合理。

一、新风险投资

　　内部风险投资模式是近年来逐渐被一些大型技术性公司采纳的风险投资方式，也称新风险投资，它是指在大型公司内部组建风险投资部门的风险投资计划。近年来的相关实践和研究表明这种风险投资管理模式对企业资本的运作是大有裨益的。

　　在公司内部组建新风险投资部门，为部门管理者提供独立的环境，使其能够稳定地处理新产品经营开发中的各种不稳定因素。通过企业内部建立的独立实体来处理新产品发展中的不测变化，可以使母公司处于正常的和可预见的环境。

新风险投资部门可能仅由少数几个人组成，也可能是一个很大的组织；这些人可能只从事个别产品，或者从事多种经营。但是发展新技术的内部新风险投资部门还是具有某些共同的倾向性。所建立的这些部门，是独立于企业传统财务体系的盈利中心。在一定水平内筹建和支持新风险投资部门，要由高层管理部门来决定。每个新风险投资部门由一名企业领导人员负责，他通常能获得由公司各方面抽调组成的专家的支持，除了项目工程师和科学家外，新风险投资部门还应包括销售代表和战略规划人员。采用这种模式来运作公司的风险投资，大大降低了投资风险，同时使公司资本运作增值的可能性提升。

二、风险投资的运作环节

风险投资的运作环节是比较具体的，其联系也是比较紧密的。

第一，选择投资项目

在选择投资项目之前，首先要分析的是创业者的素质，应从各个角度去考察该创业者是否在所从事的领域里具有敏锐的洞察力，是否掌握市场全貌并懂得如何掌握市场，是否懂得利用各种手段去筹措资金，是否有将自己的技术设想变为现实的能力，是否有较强的综合管理能力等。风险投资家自身素质的高低决定着这种考察的可信度、准确度。

其次是对市场进行分析。因为任何一项技术和产品如果没有广阔的市场做基础，其潜在的增值能力就是有限的，就不能达到使新生企业由小到大、由弱到强的目标，风险投资通过转让股份而获利的能力也就大打折扣，获利空间受到限制，严重的可以造成风险投资血本无归。这里说的市场可能是全新的市场，即没有同类的产品与之相比较、相竞争，需要经营者从零开始逐步开拓为被大众接受的市场；也可能是在已有产品的市场中进一步开拓市场，挖掘更大的潜力。

再次是对产品技术要有清晰的判断，即该技术是否具有超前意识，是否可以实现，是否可以变为实用的技术以及需要的研究量的多少，产品尚处于哪个发展阶段等一些问题。

最后是企业的管理。管理也是一项很重要的判断指标。尤其是对创业期的经营者，他们往往身兼数职，既要搞研究开发，又要搞市场开拓，还要搞企业管理。在这种情况下，就要选择好的企业管理者，以便更好地运作企业资产。

第二，选择最佳投资及转股时机

风险企业从起步到壮大的发展进程中，其收支演变要经历亏损、收支平衡、利润攀升和利润平均化等几个过程。风险投资选择起步阶段介入，占有股份，在企业利润不断上升或产品市场占有率不断扩大之时，即企业有形资产、无形资产不断增大的阶段将所占股份增值转让，从而使风险投资获得最大限度的回报。因为此时企业强大的获利能力驱使一些有实力的大型同行公司乐于按企业原始股的几倍甚至几十倍的价钱收购这种企业的股份。风险投资公司把自己所占股份的增值转让变现后，可以将这些资金继续用于别的风险项目投资，这样风险投资的风险会大大降低而且也能获得较高的回报。否则，就会被更大的企业投资所吸收掉，这样原本应得的高额利益也会流失掉。

风险投资培育一个投资项目的时间不会很长，这主要是由产品技术所在行业发展的规律决定的，一般在3~8年间。不过，如果企业业绩不佳，就应该当机立断、尽快撤资，否则，将遭受更大的损失。

第三，培育风险企业

在风险投资注入企业后，就要与之建立密切的联系，在尽可能的范围内向其提供帮助，包括选择企业短缺的人才、融资策划、市场宣传、企业管理机制和利益机制的设计等。为了达到这个目标，投资者要有广泛的专家网络，包括金融、法律、财务等方面。只有这样，风险投资资金的运作才会更加合理。

企业一经成立就要有明确的市场定位。风险投资家和风险创业者要不断地审时度势，根据不断变化的市场和企业的实际情况调整自己的运作，以便跟上变化的速度。

第四，买主要选择适当

风险投资者最终要将其在企业中的股份转让。这里的转让包括卖给大的公司集团或将企业的股票上市。这些潜在的买主主要有经营公司收购的金融性公司、大型同行业企业集团等。有些企业从一成立，其目标就是卖给同行业的某个大型公司，而这些大型买主关心的是被收购企业的技术对其业务是否有互补作用或其市场渠道是否有利用的价值。因此，企业在发展过程中，一定要保证支撑自己企业技术的独特性和超前性，否则，在转让的过程中，就不能找到合适的买主。

三国的战士告诉我们：为"蓝图"奋斗就是一场风险投资，不成功便成仁，一定要慎重。

典型现代案例
一、IBM（台湾）以"创新制胜"为愿景

IBM是全世界最大的信息科技、商业与科技服务、顾客咨询服务、IT研究与IT租赁公司，成立至今已近100年，在台湾市场也已经发展了50年，不但在全球研发了32 000多种专利技术，更引领着全球科技发展的轨迹。

2007年2月，IBM（台湾）宣布"创新制胜赢再赢"为其企业愿景。IBM（台湾）的总经理童志祥解释，IBM认为创新是发明与商业洞察力的交叉点，研究室里的发明本身不能创新，只有跟市场、社会结合与应用，才是创新。他还表示，IBM认为的创新可从六个方面来理解，传统的创新是产品和服务的创新，但在新领域中，企业竞争是全球性的，为使企业具有特色，不仅要做到业务流程和业务模式的创新，而且要注重管理及文化中的创新，以及社会和政策上的创新。

同时，IBM（台湾）除自我创新外，还协助台湾的客户一同创新制胜，创造双赢的效果，于是开创了四大服务领域来协助岛内产业创造价值，分别是引进全球研发的资源、推广服务导向的架构、提升基础架构的价值，以及提供完整的外包服务。

IBM（台湾）的愿景既为企业本身提供了动力与目标，还争取到了合作伙伴和资源，所以说具有正确价值导向的愿景是企业吸引资源与资金的一大助力。

二、看错"人"与"事"导致蓝山资本的失败

蓝山中国资本由全球著名投资基金蓝山资本的创始人约翰·格里芬（John Griffin）先生与中国的互联网企业家唐越先生于2006年共同创立，是一支专注投资中国企业的私人股权投资基金，首期基金逾3亿美元，在零售、地产、能源、农业、科技和教育行业有广泛的投资。2008年1月，蓝山中国资本第二期基金14.5亿美元募集完毕，基金总规模近18亿美元，继续用以支持中国的优秀企业，帮助它们高速成长，成为行业和市场中的领先者。

蓝山中国资本在国内已实际投资5亿美元于十余家优秀企业，横跨新能源、消费品、制造业、零售、农业加工、房地产、科技、教育及其他多个行业，可谓是成绩卓越。

蓝山中国资本也在其风险投资中失败过，原因就是看错了"人"，看错了"事"。

ITAT服装连锁从成立之初就以其所谓的"铁三角"模式受到风险投资者的关注，即"服装生产商—ITAT集团—商业地产商"，三者以销售分成的模式组成一个利益共同体，被认为是对传统服装销售模式的最大创新。销售分成比例大概为"服装生产商：ITAT集团：商业地产商 = 60：25：15"。生产商承担生产领域风险，主要是库存；ITAI集团负责销售运营的管理，主要承担推广费用及人员工资等；而商业地产商则承担机会成本。

这是一个看似风险共担、利益共享的模式，模式设计的基本依据是中国服装行业生产能力的过剩和商业面积的闲置。2006年年末，ITAT获得蓝山中国资本5 000万美元投资。巨款到手之后，其店面规模的扩张可以用前赴后继来形容。在4个月后，蓝山中国资本联合摩根和Citadel投资集团再次对ITAT投入了7 000万美元。

在2008年初，ITAT上市的材料被驳回之后，关于其创业管理团队存在道德风险、涉嫌虚增销售业绩、伪造财务报表等行为也被曝光，最终ITAT也以失败倒闭告终。而对于对其注入资金最多的蓝山中国资本来说，也遭受了巨大的损失。

起初，人们对于ITAT的经营模式也存在众多质疑，但由于其疯狂的扩张速度使这些质疑声都显得苍白无力。当所有光芒归于平淡时，才可以用客观的态度

来评价 ITAT 的经营模式。

具体分析，其经营模式的弊端有三：①经营业态没有明显的竞争优势。在本身主营业务尚不稳固的情况下，又向其他方向靠拢，进一步模糊了在消费者心中的印象。②货品和品牌不符合消费者要求。其经营模式的一个假设是中国服装生产能力的总体过剩，但在当今消费者对服装的时尚和审美要求更高的情况下，生产过剩的企业大部分正是对这两个方面把握不好造成的，因此，ITAT 就不容易形成清晰的品牌定位。③与商业地产商的合作不稳定性较强。零售业与经营选址关系很大，但闲置的商业地产大部分是商业重心已经转移、消费不旺的地区，对零售业不利。

但是在这种情况下，蓝山中国资本在其创新模式的光环下的风险投资更像是赌博。除了没有科学分析其经营模式外，还触犯了"一期基金在一个项目上的投资金额不宜超过基金总额五分之一"的投资戒律，其在 ITAT 一个项目上的投资金额占到蓝山中国资本首期募集总额的 26.7%。在这种情况下，最终失败也就可以理解了。

因此说，风险投资除了要投向有潜力的项目，还要看对人，对项目经营管理团队也要认真考核，避免 ITAT 这种情况。

总的说来，未来市场如何变化不受主观因素左右，愿景也好，期望也好，都要建立在理性分析的基础上，可行则获利，投机取巧则可能一败涂地。

2

三英合力战吕布，投资要多元

傍边一将，圆睁环眼，倒竖虎须，挺丈八蛇矛，飞马大叫："三姓家奴休走！燕人张飞在此！"吕布见了，弃了公孙瓒，便战张飞。飞抖擞精神，酣战吕布。连斗五十余合，不分胜负。云长见了，把马一拍，舞八十二斤青龙偃月刀，来夹攻吕布。三匹马丁字儿厮杀。战到三十合，战不倒吕布。刘玄德掣双股剑，骤黄鬃马，刺斜里也来助战。这三个围住吕布。转灯儿般厮杀。八路人马，都看得呆了。吕布架隔遮拦不定，看着玄德面上，虚刺一戟，玄德急闪。吕布荡开阵角，倒拖画戟，飞马便回。

——典出《三国演义》第五回：发矫诏诸镇应曹公　破关兵三英战吕布

　　哲学中讲整体是由部分构成的，只有各个部分合理地组合才能发挥整体最大的效用，甚至超过各个部分功效之和。在战场上也同样如此，《三国演义》中便有丰富的战例来证明这个道理。比如号称"第一勇士"战无不胜的吕布，先是公孙瓒败走，随后张飞也力战不胜的情况下，刘、关、张三英战吕布，终于使吕布无法遮挡，倒拖画戟，败下阵来。也许吕布当时已有些疲劳，但刘、关、张的合力战略确实是发挥出了更大的威力，进攻与防御一齐，三人之间彼此分担了风险，又四面出击，以多角制胜。

市场与战场一样，随时都在变化，风险也无处不在，因此单向经营的思维在当今发展空间是很局限的。随着经济的发展，投资工具和投资渠道也越来越多，而金融行业之间的系统性风险发生的概率越来越大，为了降低单一投资工具的风险，就出现了"投资组合"的概念。当前情况下，在进行投资活动时，对于降低风险最有效的方法就是利用多元化的"投资组合"将其分散，就像那句老话说的"不要把鸡蛋都放在一个篮子里"。这一点主要包括混合工具的使用和投资组合的实施。

善于使用混合工具

所谓的混合工具是指兼有债权和股权双重特色的金融工具。主要用于企业想增加股本，而投资者却希望收取利息，同时可以通过股权认证的增值来获得额外收益的情况。这类工具主要包括以下几种：

第一，附认股证书或不附认股证书的次级可转换债券

对于新公司的投融资，这种债券比较适用。许多新公司需要通过出售股权来筹集资金，而由于其风险较高，银行贷款往往较难获得。在这种情况下，一旦经营失败，即使出售其所有的资产所得也难以偿还公司债务。因此，公司需要以出售股权的方式来弥补损失。但是，大多数新公司又无法对一般大众发行股票，因此投资者想要获得预期利润，唯一的途径就是要求公司赎回他们所持有的金融工具。

因此，对于这种新公司，理性的投资者会选择附股权认证的可转换债券。这种工具属于债券，首先具有债券固定时间偿还的特点，同时可转换的特点在股价上升时又可以将其转换成普通股。而附带的股权认证则使它们在收回本金后仍可购买该公司的股票。此外，债券所支付的利息也会是投资者一个固定的利润来源。

第二，认股证书

这种凭证的持有人可以在既定的时间内，以特定的价格购买一定数量的普通股。认股证书通常是和其他金融工具一起搭配销售的，如普通股或优先股和认股证书搭配，使投资者以优惠的价格购买更多的普通股，或次级债券和认股证书搭配等。认股证书可以被视为是为了刺激投资者购买某种金融工具而给的"甜头"。投资者使用认股证书的时候，也就是公司可以取得更多现金的时候，因此，公司通常根据其现金需求计划来决定认股证书的期限。

第三，优先股

如果公司的现金进出额不足以偿还次级债券的本金和利息，就可以采用优先股。优先股持有者既可以享有优于普通股持有者的权利，即在分红和本金偿还上都优先于普通股股东，同时在特定的情况下还可以转换成普通股。

对于某种金融工具很难准确地评价是否适用，关键还是依据自身情况选取最合适的。选取混合工具的目的就是避免单一工具在出现风险时难以应对的情况。

<u>张辽、李典、乐进三人协力守合肥告诉了我们：科学匹配、正确组合才能发挥各个部分的最大效力从而规避风险，获取最大收益。</u>

根据市场动向适时调整投资组合

一般来说，根据投资组合实施时所依据的主要条件不同，投资组合可以分为三种方式，即投资工具组合、投资比例组合、投资时间组合。

第一，投资工具组合

投资工具组合即投资者把可支配资金分成若干部分，分别选择不同的投资工具进行不同领域的投资，避免进行单一方式的投资。如果把全部资金都用于一种投资工具，那么投资的回报率受市场变化影响波动就比较大，随之面临的风险也会增大。如果投资于不同的投资工具，由于不同的工具收益率不同，那么面临的风险也就不同，多种投资工具组合同时也是不同强度风险的组合，根据投资组合理论的观点，这样就会将风险分散并弱化，可以使收益相对稳定地维持在一定水平上。

对于个体投资者来说，传统的投资组合方式一般是将资金分成三部分：一部分投资于储蓄、保险等稳定性高但收益相对低的产品；一部分投资于股票、债券等收益较高但风险较高的产品；最后一部分投资于黄金、珠宝、艺术品等保值性好的产品。

对于企业来说，在资本市场的运作中，也应注重投资工具的组合，或者可以说是投资于不同的方向与领域以分散金融市场中的风险。

在商品市场中，尤其是在竞争越来越激烈的今天，企业靠单一化的产品营销抗风险能力和获利能力往往很难做大做强，这就需要用多元化的产品组合来盈利，而这又要求企业根据产品组合正确地决定资金投入对策。然而这就必须研究产品结构，研究企业各种产品的投入、产出、创利与市场占有率、市场成长率的关系，然后才能决定对众多产品如何分配资金。这是企业产品投资组合计划必须解决的问题。企业组成什么样的产品结构？总的要求应是各具特色，经济合理。因此，需要考虑以下因素：①服务方向；②竞争对手；③市场需求；④企业优势；⑤资源条件；⑥收益目标。这就需要根据各个产品的地位和趋势决定取舍，区别急缓，分配资金，制定合理的产品投资组合计划，使企业有限的资金得以有效地分配和使用，以取得最佳的资金效益。

第二，投资比例组合

投资比例组合是指投资者在实际投资时，对于不同的投资工具在投入数量和金额上存在着一定的比例关系。

由于不同的投资工具具有不同的风险和收益，同时期流动性也不同，再考虑到投资者个人的期望收益和对风险的偏好，那么投资者所选择的投资组合的组成也就不同，即不同投资工具在组合中的比例不同。投资者对于投资的风险有着不同的偏好，有的倾向高风险高收益，有的则倾向低风险与稳定性的组合。而投资风险的大小一般取决于企业的发展阶段、竞争优势、核心技术、管理阶层的特长和经验等，对于某一企业来说，这些方面并一定是均衡协调的，总会有强弱之分。

因此，企业在确定投资组合时必须考虑到这些方面并制定一个合理的比例结构。俗话说"男女搭配，干活不累"，对于企业的投资来说也是如此，正确合理的比例搭配，才能不断地产生新增价值。

第三，投资时间组合

投资时间组合是指投资者把资金分次分批，有计划地进行投资，而不是一次性地全部投放出去。简单地说，就是组合中的不同投资工具要有长期、中期、短期等期限上的差别。

一次性将全部资金投放出去，若市场预测与实际情形有所不符，投资者就会承受较大的风险。对于个人投资者来说，可能会出现因为没有备用资金无法追加投资从而丧失获取更高收益的机会，或者在该种投资环境出现系统性风险时无法抽离而损失惨重。

对于企业来说，这点更加重要，企业的任何一项活动都需要现金的支撑，如果没有足够的现金来支撑，企业的运营过程就会出现断裂，甚至是生产停滞。因此，企业在制定投资计划时，能否稳定地支撑企业现金流是必须要考虑的问题。这就要将不同期限的投资工具相互组合，在获取投资收益的同时，又保持一定的变现能力，以便应付突发情况。

李傕与吕布的争斗告诉我们：使用组合工具才能分散风险从而获得利润，在当今市场中，多元化的企业才能有发展。

典型现代案例

一、多元化成就默多克的传媒帝国

传媒大亨默多克在分散投资、多元化经营方面是一个成功的典范。

众所周知，传媒大亨默多克一直关注文字传播，对报纸、杂志情有独钟，但是从 1980 年开始，默多克把注意力开始投放到图像传媒方面，因为他已经敏锐地察觉到过去的投资方向过于单一了。1985 年，他买下了福克斯的 20 世纪福克斯电影公司。当时公司附属的福克斯电视台还只不过是个名不见经传的小型独立电视台。可一年以后，默多克就将它改造成结构合理的电视网，变成了一座可开采的宝藏。不久，他又购买了即将破产的英国收费电视台英国天空电视台，然后用他的能力使之重焕生机。他认为在信息化的当今社会中，世界范围的卫星电视将来会获得丰富的利润，必要时他会很快地把报纸卖掉。因此，1993 年，为了进军中国市场，在资金紧缺的情况下他果断卖掉了《南华早报》，毅然买下了卫星电视网，同时发行了 5 000 万新股，结果在股票上市八个月之后，上涨的股价完全弥补了默多克的资金短缺。这件事具有深刻的象征意义，非常清楚地表明了默多克把经营重点从报纸转向电视和电子媒体的决心。

2001 年 6 月，为了适应香港特区政府有关有线电视特许权的新政策，他更是斥资把自己在香港有线电视有限公司的股份额从 48% 提高到了 100%。他在随后发表的声明中说："我们很高兴能成为全部所有者，这是一个重要的保证，它将保证我们在香港进一步大规模投资，要知道香港是我们经营的大本营之一。"诚如其所言，这三笔交易实际上构成了"默多克传媒帝国"的三大支柱。现在，全世界已有 2.5 亿家庭在通过卫星收看默多克帝国传送的节目。

默多克的成功就在于根据市场的变化趋势分散投资，减轻或者是避免了风险。

二、华平公司的多元投资

在世界投资公司的排行榜上，华平投资公司可以说是全球最大的专业股本投资银行之一。其管理的投资资产约 70 万亿美元，另外拥有可投资资金 50 亿美元。华平投资公司所管理基金的主要投资者是欧美各大公立及私立的退休基金，是典型的百万级风险投资基金。凭借这样雄厚的实力和丰富的商业资源，华平公司一旦进入资本市场便会在其中纵横捭阖、游刃有余。虽然华平公司的投资领域主要在风险投资领域，但也是从多方面多元化运作来实现资本的增值。

首先，华平投资公司的成功投资遍及各个行业，具体包括：①通信和传媒，包括广播电视、网络、出版和电信；②日常用品及服务；③金融服务；④咨询服务，包括软件、系统集成和半导体软件；⑤生命科学和医疗保健，包括生物技术、医疗器械、医疗服务和环保服务。华平投资公司所投资的领域，基本上与美国风险投资领域分布相似，其投资重点主要是科技含量较高的信息技术和保健领域等风险也相对较高的行业，但也没有忽略盈利稳定性较高的日常用品及服务行业来分散风险。

其次，华平公司的投资策略也根据不同的公司进行了适时调整。对于成熟期的企业，华平投资公司通常采取财务重组、调整其资本结构和管理层等方法使其价值迅速增加，然后售出其所持有股份或转让给其他公司。对于扩展期的企业，华平投资公司则是对其注入资金，协助其开发新产品和推行市场财务与管理制度调整。在对新创立的种子期公司，华平投资公司则采取与别的投资者合作的方法，共同经营企业，让其在新兴的市场中迅速扩大市场份额。

在退出投资项目方面，其也是采用公开上市或者转让等多种方式，并根据不同情况采取不同方式来规避风险或者其他弊端。

作为多元化投资运作公司来说，华平投资公司确实可以说是成功的典范。

不管是默多克的传媒帝国还是华平投资公司的成功，在一定程度上都可以说是多元化经营、分散风险的结果。世界上唯一不变的就是变化，现代市场更是瞬息万变，要想投资成功，就要随时注意市场的变化，根据市场变化及时调整投资策略和工具组合，以避免风险、获取收益。

3

魏延奇谋可否行？风险需管理

忽哨马报道："魏主曹睿遣驸马夏侯楙，调关中诸路军马，前来拒敌。"魏延上帐献策曰："夏侯楙乃膏粱子弟，懦弱无谋。延愿得精兵五千，取路出褒中，循秦岭以东，当子午谷而投北，不过十日，可到长安。夏侯楙若闻某骤至，必然弃城望横门邸阁而走。某却从东方而来，丞相可大驱士马，自斜谷而进。如此行之，则咸阳以西，一举可定也。"孔明笑曰："此非万全之计也。汝欺中原无好人物，倘有人进言，于山僻中以兵截杀，非惟五千人受害，亦大伤锐气。决不可用。"魏延又曰："丞相兵从大路进发，彼必尽起关中之兵，于路迎敌，则旷日持久，何时而得中原？"孔明曰："吾从陇右取平坦大路，依法进兵，何忧不胜！"遂不用魏延之计。魏延快快不悦。孔明差人令赵云进兵。

——典出《三国演义》第九十二回：赵子龙力斩五将　诸葛亮智取三城

　　魏延的计谋虽然带有一定的风险，但从当时敌情、地形、路线等情况看，这个建议也有很大的成功的可能性，而且夏侯楙懦弱无谋，绝对想不到蜀军会从子午谷进军。不过，诸葛亮不敢冒险，便没有采纳他的意见，而是谨慎行事，依法进军，最终在司马懿复出之后，街亭失守，败兵退走。正如司马懿所说："诸葛亮平生谨慎，未敢造次行事，若是吾，先从子午谷经取长安，早得多时矣。他非无谋，但怕有失，不肯弄险。"

　　风险是决策中不可回避的因素，特别是在当今充满竞争的时代，企业要在竞争中求得生存和发展，必须正视风险，善于发现风险中的机会。风险与获利常常是相伴的，危中有利，投资需要风险，风险越大，回报率就越高，处理得当就会获取高收益。如果决策者缺乏应有的魄力和勇气，一味谨慎小心，束缚自己的行动，把风险单纯视为威胁而不是挑战和机会，不敢正视风险，便不能制定风险型发展策略，无疑会失去很多发展的机会，也难以达到成功。但是如果冒险时盲目不清，则会损失惨重，因此也必须清醒对待。

认识风险，利用风险

　　所谓风险，是指遭受损失或损害的可能性。以金融风险为例，风险就是投资者的收益和本金遭受损失的可能性。因为未来具有不确定性，因此风险是不可避免的。

　　风险具有客观性、普遍性、损失性和可变性四种特性。首先，风险是不因企业的想法而改变的，企业只能采取相应的措施降低风险，而不能彻底消除风险。其次，风险是各式各样的，同时随着现代经济的发展，也有新的风险出现。再次，风险肯定会引起损失的产生。最后，风险在一定的条件下具有可转换的特性，这就决定了风险是可以规避的。

一、风险的分类

　　在商业活动层面上，企业可能面对的风险可分为两大类：行业风险和经营风险。

　　第一，行业风险

　　行业风险是指在特定行业中与经营相关的风险。因此企业选择在哪个行业中投资显得非常关键。

第二，经营风险

经营风险可简单地定义为经营企业时面临的风险。从某种程度上来说，企业所做的所有决策都具有风险，决策层不能保证所做的每一个决策都是正确的。比如，雇佣的新员工因为工作表现不良而给公司带来的损失也可以看作风险。

从大的范围来看，经营风险是指由于采用的战略不当、资源不足，或者经济环境、竞争环境等发生变化而影响企业经营的风险。一般包括：市场风险、政治风险、操作风险、法律风险、项目风险、信用风险、产品风险、流动性风险、环境风险和声誉风险，这其中最重要的是市场风险。

市场风险也称财务风险或价格风险，是指由于市价的变化而导致亏损的风险。企业需要重视的主要市场风险是利率风险、汇率风险、商品价格风险和股票价格风险。

（1）利率风险。利率风险是指因利率提高或者降低而产生预期之外的损失的风险。

（2）汇率风险。汇率风险或货币风险是由汇率变动的可能性，以及一种货币对另一种货币的价值发生变动的可能性导致的。

（3）商品价格风险。商品价格风险也称通货膨胀风险，指的是物价变动影响企业业务的风险。主要分为两种情况：一种是某些重要物品的价格变动，如石油、煤炭、电等能源类商品，这些物品价格的变动通常会影响大部分产品的成本和收益；另外一种是物价指数的变动，通常是物价指数上涨时，货币贬值，物价指数下降时，货币升值。

（4）股票价格风险。股票价格风险影响的是企业股票或者其他资产的投资者，其表现与股票价格相联系。

官渡之战曹操夜袭乌巢，告诉我们：要善于从风险之中发现取胜的因素。

风险投资的基本方法

既然称为风险投资，就表明这种投资有很大的风险性。因此，在投资过程中，投资者通常采取多种方法来避免或减少风险损失。下面，我们就来看一些行之有效的投资方法。

一、组合投资法

风险投资公司在进行风险投资时可以把资金分散投向多个企业或项目，每一个项目的投资额限制在一定的范围内，占投资者的总投资资本的比重不能过高（例如，不超过总投资的 10%）。这样一来，可以避免使投资者的安危系于少数几个项目上，一个项目或企业的损失就可能从另外的项目或企业的成功中得到补偿，从而就可以避免所有的风险投资都付之一炬的危险。或者还可以收到"东方不亮西方亮"的功效。

因为一般说来，几个项目同时失败的可能性要比一个项目失败的可能性小得多。根据投资组合理论，若干项目的总收益等于这些个别项目收益的加权平均；而若干项目的总风险并不等于个别项目的加权平均风险。请"不要把鸡蛋放在一个篮子中"。

二、联合投资法

一个投资者承担一项风险，他可能承受不了，而如果同时把风险分解开，让多个投资者共同承担，每个投资者平均承受的风险就要小得多，整体的风险承受能力也就因此而大大增强。这就是联合投资的基本出发点。对于风险较大、投资额较高的项目或企业，风险投资公司往往联合其他风险投资机构或个人共同投资，从而使自己的投资风险降到最低。

牵头的风险投资公司一般持有控制股份，其他风险投资公司或个人则以股份制形式进行合作投资。在进行联合投资时，可以从以下几个方面进行考虑：①项目或企业所需投资额巨大，靠一家风险投资公司风险太大；②可以参考合作伙伴的意见，降低投资风险；③联合投资是组合投资的基础。

三、分期投资法

根据风险企业的四个发展阶段，及其可能产生的潜在投资收益和可能蒙受的风险损失，来决定投资或者不投资、投资多少、何时投资及怎样投资等一系列的问题。根据实际情况灵活掌握，分段决策，分期投资。通过这样的方法，就可把投资风险降到足够低的程度。

匹配投资策略与联合投资策略有点类似，它是指风险投资公司在对项目或企业进行风险投资时，要求项目的经营管理者或风险企业要投入相应的资金。这种投资策略的意义在于，匹配投资将风险投资者与风险企业捆在了一起，促使风险企业或项目经营管理者齐心协力加强对投资的管理，从而降低投资风险。

不过，需要注意的是，匹配投资策略是政府参与风险投资经常采用的一种策略，政府采用这种策略的目的在于以少量的国家风险资金带动和激发大量民间风险资金的加入，这样，民间的风险投资就会朝着更健康更完善的方向发展。

总的说来，在风险投资的过程中，结合自身的实际情况，采用合理的投资模式，投资风险才能降到最低程度。

风险管理与规避

对于风险的管理与规避主要包括以下几个要素：

第一，回避市场风险

因为市场风险来自很多因素，因此要回避市场风险就要综合考虑这些因素：①分析投资对象的发展趋势，进而了解其循环变动的规律和其持续增长的能力；②认识其生产经营的周期性，避开低潮；③要把握好时机，这在股市中尤为重要；④也要把握好投资期，因为企业的经营状况往往具有一定的周期性，因此，应该尽量正确判断其在兴衰循环中所处的地位，把握好投资期限。

第二，防范经营风险

这就需要深入分析投资对象或者与其相关的企业的经营资料，对其经营状况、行业中所处竞争地位和以往的盈利状况都应深入分析，不能被表面现象所迷惑，找出破绽和隐患，同时做出冷静的判断，进而可以未雨绸缪，防风险于未然。

第三，避开通胀风险

在通胀期内，对于市场上价格涨幅高的商品要密切留意，从生产该类商品的企业中挑选出获利水平和能力高的企业。一旦通货膨胀异常严重，则应该把资本的保值放在首位。

第四，避免利率风险

这就要求企业运营资金中的自有资金要保持一定的比重，如果借入资金比重太高，一旦利率升高，运营就会出现困难，对于上市公司来说则会影响其股价。在购买股票、债权等有价证券时，也应注意考察企业的资产负债比，选择负债较少、结构合理的企业。

除以上几点之外，联系风险投资来看，退出方式是否及时合理也是规避风险的一条途径。具体来说有以下几点：

第一，公开上市。公开上市可以说是退出风险投资最理想的选择。风险投资形成的股权在广阔又公开的市场上自由流动，出售方便且快捷，更重要的是可以轻松实现风险投资增值的目的。风险投资者把风险企业推向公开市场，这样既可以分享这种方式的投资收益，也有利于其在风险资本市场上声誉的提高，更重要的是通过发行股票可将风险分散。

第二，企业并购。如果风险企业难以达到公开上市的条件，或者风险投资者认为风险企业的发展前景不明朗时，风险投资者会与其他投资者接触，寻求在私人权益市场上出售其所拥有的企业股份。

第三，风险企业回购。一般来讲，在风险投资者与创业者签订投资协议时，协议中大都加了一个附加条款，即到一定投资期限之后由创业者回购风险投资形成的股份。这条条款的主要作用是保证风险投资的最低收益。创业者负有一定期限后按一定价格回购的责任，保证了风险投资最少可以收回协议回购的价格收益。这是降低风险投资者所承受的投资风险系数的一种合理方式。

第四，破产清算。由于未来的不确定性，风险是很难预期的，因此，风险投资失败的可能性很高。这样来看，对于风险投资者来说，一旦确定企业失去了发展的可能或成长太慢，不能给予预期的高回报时，就要果断退出投资，以便避免更严重的损失并及时回笼资金。

子午谷奇谋的夭折与六出祁山终败北的对比，让我们知道：风险不等于失败，保守有时会失去先机。

典型现代案例

冒险不等于失败

第二次世界大战爆发后，美国政府需要在弗吉尼亚州的诺福克市为军事人员建造 1 600 栋房屋，招标要求价格便宜、交货迅速，投标的建筑商很多，其中有不少是实力雄厚的大公司。但竞争结果，从未经历过大世面、技术和资金实力也不突出的小企业拉维特公司竟然压倒群雄，一举中标。结果公布后，负责此项工程的政府高官也难以置信，并对拉维特的能力存在质疑。但最终，拉维特公司按规定出色地完成了工程。

拉维特公司与其他大型企业相比缺乏经验，此次工程的规模与之前所承接的工程相比扩大了将近 100 倍，而且在公司严重缺乏资金和技术的情况下，参加此次投标，并以低于其他公司的造价和完工期限中标，的确是冒了很大的风险，如果完不成很可能就是永无翻身之日。很多官员也不相信拉维特公司能做到，认为工程会被延误而拉维特公司则会破产，但最终的事实却是拉维特公司顺利提早完工并且获得了可观的利润。

拉维特公司成功的关键就是敢于冒险，制定风险型决策。冒险不等于失败，但也不是盲目冒险，在制定竞争中的风险决策时，必须以客观情况为依据。拉维特的依据之一是战时建筑业处于停滞状态，各种物资、机器、人员都有，即使自己公司缺乏但可以通过租赁、雇佣等途径得到，而且价格较低，加之 1 600 栋军人住房，是成批的单一生产，可以大大降低费用，缩短时间；依据之二是此项工程是政府主办的军用设施，在筹措资金方面也会比较顺利。正是这两个依据，拉维特在制定投标书时制定了与民用住房不同的标准。

最终的结果也正如拉维特所料，公司不仅按时完成了任务，而且从一个不起眼的小公司，一跃成为美国建筑业巨头之一。

世界上没有百分之百的安全，不能缺乏冒险精神，但也要分清楚如何冒险。成功的投资者，有充足的心理准备去坦然面对投资市场中的风险，进而险中求胜。反之。盲目的冒险或是仅一次失败后就一蹶不振的人，永远不会成功。

4

高山流水空城计，
"空"还是"不空"？

孔明登城望之，果然尘土冲天，魏兵分两路望西城县杀来。孔明传令，教"将旌旗尽皆隐匿；诸军各守城铺，如有妄行出入，及高言大语者，斩之！大开四门，每一门用二十军士，扮作百姓，洒扫街道。如魏兵到时，不可擅动，吾自有计。"孔明乃披鹤氅，戴纶巾，引二小童携琴一张，于城上敌楼前，凭栏而坐，焚香操琴。

却说司马懿前军哨到城下，见了如此模样，皆不敢进，急报与司马懿。懿笑而不信，遂止住三军，自飞马远远望之。果见孔明坐于城楼之上，笑容可掬，焚香操琴。左有一童子，手捧宝剑；右有一童子，手执麈尾。城门内外，有二十余百姓，低头洒扫，傍若无人，懿看毕大疑，便到中军，教后军作前军，前军作后军，望北山路而退。

——典出《三国演义》第九十五回：马谡拒谏失街亭　武侯弹琴退仲达

司马懿兵临城下，蜀军难以抗衡，诸葛亮依据自己对司马懿的了解，便敞开城门，自己坐在城楼上弹琴。从诸葛亮的角度来看，是他对敌人了解的深入帮助他智退魏军；但从司马懿的角度来看，则是轻信敌人、不能分辨真实情况让自己错失了机会。俗话说兵不厌诈，但司马懿偏偏没做到这一点。

战场上有很多迷惑敌人的招数，商场也一样，因此，"兵不厌诈"在商场上一样适用。当然，商场中尤其是资本市场，是以盈利为目的的，所以任何陷阱与欺诈都是为了盈利，同时，也是这种趋利性导致了某些人陷入陷阱之中。

股市中的陷阱

股市虽然没有确定的规律可言，但通过分析还是可以得出一些相似的轨迹来追寻规律，对于投资中的陷阱可以找出其相似之处加以归类，了解之后做到尽量避免。股票投资中主要的陷阱有以下几个。

第一，内幕消息陷阱

谈到投资，很多人似乎更倾向所谓的小道消息而对公开发布的公司经营数据持怀疑态度。所谓内幕消息大致可以分成两类，一种是以付费为前提很明显地骗人，这种不足为惧；另外一种内幕消息，看上去似乎有根有据，从朋友或者所谓政府监管机构流出，很多人正是因为这种消息而受损。

第二，小心创业期的公司

作为一般投资者来说，要对投资创业期的公司保持谨慎小心的态度，特别是对那些市场接受度尚待考验的产品和项目，警惕性应该更高一些。当然，投资创业期公司可能获得的利润也很可观，但是对于上市公司，从历史统计的公司衰减率来看，大多数投资是不成功的，不如我们等到那些创业公司真的做出不错的业绩之时再投资它。

第三，市盈率陷阱

对于非周期性的高成长公司，它们的利润会随着公司的发展不断上升，所以市盈率也会因此不断升高，而周期性公司由于经营周期的作用却做不到这样。以股票投资为例，在周期性公司业绩下降的时候，很多有经验的投资者就开始预期未来收益可能会减少，他们会抛售手中的股票予以兑现。在这种时候，非周期性公司的股票，从表面看起来非常出色：业绩在过去几年大幅度提升，而股价相对来说并不算高，公司的投资在增加、产能在扩大，这就会吸引投资者的注意。不过到了周期性行业的不景气时期，即使是再出色的周期性公司也很难独善其身。2007 年至 2009 年上半年的中国钢铁和有色金属类公司就明显表现出这种市盈率陷阱。

第三，业绩总比预料的好也是种风险

有的公司的业绩总是比外界预期的好，这也需要投资者小心。因为对于大多数大券商的证券分析员来说，和上市公司沟通是他们的一项工作，上市公司会把自己的业绩预先透露给这些分析员。那么，如果一家上市公司的业绩总是强于市场对它的预期就有问题了，起码这家上市公司要超出同行业一大截，而且又是所有的人没有想到的，那么这个公司有什么不可告人的法宝呢？事实总是那么无聊，这种公司往往没有什么聚宝盆，很简单，它们很可能在撒谎。上市公司的管理层和我们一样，他们的行为也由奖励和惩罚制度决定，如果好处对于那些道貌岸然的管理层足够大，他们就可能为了利益而撒谎。很大可能是，足够好的公司业绩可以使管理层获得足够多的期权、股票溢价收益，或者公司闪亮的业绩可以使公司获得更多的融资。

如果这家上市公司具有以下三个条件中的两个，而它们的业绩又出乎意料的好，那么投资者就要对这个公司提高警惕了：①对管理层的监管比较疏松，缺乏有力的外部审计和独立董事；②管理层有比较强的竞争压力；③管理层主导人物性格跳跃，有很强的不稳定倾向。

第四，虚假的"寡头"公司

有的公司的市场占有率不低，而且业务发展很快，但是如果它的业绩只是来自几个大客户，比如 40%只是来自一家巨无霸公司，那么这家市场占有率还不错的公司就存在很大的风险。特别是代工企业，这种问题尤为突出。在 20 世纪 80 年代至 90 年代，这种代工型企业在台湾地区就很兴盛，在繁荣时期这些公司的股价也高得惊人，但是在受到其他地区成本挑战后，这些代工公司中没来得及转型的都损失惨重。除了单一客户风险，代工企业对于客户的议价能力不高，毛利率低也是一个大问题。这些公司在经济良好的情况下还可以赚到不少的钱，但是在经济不景气的情况下，利润就被压缩到整体亏损的地步，所以管理层就要拼命压缩还具有弹性的成本，以使公司有利可图。

上述四种是比较普遍的投资陷阱，针对股票投资而言，股票市场的陷阱更多。比如所谓"热门"公司造成的虚假吸引力，这些公司往往因为媒体的关注和潮流的推动获得更多的关注，而这些关注就会造成股价虚增；还有就是想要从"庄家"手中获利，但是普通投资者付出全部身家却看不清"庄家"只是"零和游戏"，想要从这种成本不对等的博弈中获利，其难度可想而知。

公孙瓒被丘力居困于辽西的故事让我们知道：股市中陷阱众多，入市要谨慎。

机会成本与其他成本

利益的驱动常常会把投资者尤其是创业者，带入一个最常见的陷阱，即机会成本陷阱。创业者的乐观精神使得他们得出这样的结论：友好的人和好的产品或服务，就一定会盈利并树立自己的品牌。在此过程中，创业者一般会低估从银行获得资金的实际成本。并且创业者还会低估实际所需花费的时间、精力和创造力。实际上，筹集资本所需的努力程度可能是获取资金中最容易被忽视的一个方面。在所有这些情况中，再结合资金的时间价值，都存在把资源耗费于某一特定领域的机会成本。

比如，对于一家新建企业来说，创始人会在较长时间里用所有时间来寻找投资者并说服他们对自己投资；而投资人又会用很长的时间来考察投资对象再作出决策。在这个过程中，会有大量现金和人力资本的流出而不是流入，并且该现金和资本可能投放在其他领域会更有好处。换个角度来看这就是损失，就是机会成本。

　　在现有的新兴公司中也存在机会成本。就人力资本来说，高层管理人员花费一半时间用于筹集一笔大额外部资金是司空见惯的。同样，这还需要大量精力和体力的投入，而企业日常经营也要分去一定的精力和体力。这些对近期的业绩就会有负面的影响。此外，如果预期会成功地筹集资金，而后来却筹资失败，那么就会挫败士气，造成关键人员的流失。不得不放弃原本可以做的其他项目进而无法获取收益，也存在大量的机会成本。

　　此外，决策者也会低估与筹集和运用资金相关的纯粹开销成本。比如，当一家公司上市后，证券交易委员会要求定期出具审计过的财务报告等各种报告、外部董事费用、责任险保费，以及和其他大量报告要求相关的法律费用支出等，这些也会使企业面临一笔不断增长的成本开支。另一项极易被忽视的"成本"是信息披露，这可能是让资金支持者投资的必要措施。决策者可能不得不披露比他们自己想象的还要多的公司情况和其个人财务情况。这样，公司的弱点、所有权、报酬安排、个人和公司财务报表、营销计划和竞争战略等都必须透露给创业者根本不了解、不信任的人和那些他们可能从始至终都不会有经济往来的人。此外，企业还失去了对信息流通范围的控制。

公司地位和规模的吸引力

　　现实中，较高地位和较大规模公司的吸引力看起来较大，尤其是在选择投资对象和筹集资金的时候更是如此。单单把目标瞄准最大、最知名或最权威的公司，也是企业决策者常常遇到的一个陷阱。

　　这些公司之所以通常最容易被大家所关注，是因为它们的规模大、投资活动多并且它们的从业时间较长且经验丰富。但随着风险投资行业种类的增加以及其他一些原因，这些大公司有时候并不一定是合适的。

　　避免踏入这种陷阱的最好方法就是组建一个专业团队，利用懂技术、了解市场、有专业人员网的专业团队在竞争市场上找出真正有实力的资金支持者，同时对这些公司的经营状况、财务状况等进行专业分析。

典型现代案例

一、奔驰的市场挑战

价格的变动是市场竞争的主要手段之一，因此，时常会出现某些行业的价格战。低价格可能会争取到部分消费者从而扩大市场份额，但从另一个角度来看，价格战也可以说是企业的陷阱之一，一旦进入就会陷入恶性循环之中，进而造成严重的损伤。在这方面，奔驰公司可以给我们很好的启发。

丰田公司于 1985 年出产了一款高档车型，名为雷克萨斯。20 世纪 90 年代，丰田为了抢占美国的高档车销售市场发动了一次价格战。当时丰田的广告寓意是"同样的享受，一半的价格"，这实际是针对奔驰车的原有市场发起了攻击。在雷克萨斯的价格策略和市场行为作出之后，奔驰车在北美的豪华车市场受到了一定的冲击，部分对价格敏感的客户群体出现了转移。但奔驰公司并没有跟随丰田的价格战。

奔驰公司的经营者首先是对市场进行了分析。产品的市场组合呈金字塔状，产品的客户群也随之分布在不同的层次上。奔驰公司的定位是高端客户，在雷克萨斯的强势攻击下流失掉的那部分客户是对价格比较敏感的。基于这样的分析，奔驰的经营者仍然保持了原有的定价水平，将留下的客户群体牢牢锁定。在这个决策下，结合奔驰公司对美国区的客户群的分析，采取的方法是将奔驰的价格上涨 15%并推出了新的广告，新广告的寓意是"唯有奔驰才是最高档的享受"。这个明确的广告固化了奔驰的产品定位，进一步优化了客户群体。

这个策略不但使得当年的奔驰汽车在美国的销售量没有下降，反而增长了6.7%。奔驰不仅稳住了自己的目标客户，同时又取得了客户的忠诚度与公司盈利两个方面的成果。避免了卷入丰田发起的价格战的恶性竞争当中。从某种意义上说，价格战也是企业运营中的陷阱之一：以降价来吸引更多的客户从而扩大销量，但却因此陷入恶性竞争当中以致使企业遭受损失。

二、米高梅的破产

拥有 86 年历史的美国电影业巨头米高梅公司因高额债务方面的压力于 2010 年 11 月申请破产保护。这个曾经制造了无数电影神话和塑造了无数经典屏幕形象的雄狮企业的倒塌令不少人唏嘘不已。

在申请破产保护之前，米高梅公司的贷款额度已经达到了 37 亿美元，每年因为贷款需要支付的利息就高达 3 亿美元，而当时米高梅的银行账户上资金仅为 2.5 亿美元。一心想依靠大制作大影片赚票房的米高梅，最终因无力偿还，走下了神台。

电影行业前期所需的投入很大，因此可以通过举债的方式获得资金来启动项目经营，但借款时要考虑好企业未来的收益，也就是未来的现金流量。如果可以达到预期收益，当然可以根据需求去借债；但对未来的收益不明确时，就要考虑企业能不能负担高额借款和由此带来的高额利息。在资不抵债的情况下，仍然持续增多负债的行为无疑相当于自杀。因此，企业的借款期和借款额要与企业未来要实现的收益相匹配，形成一个相互支持的融资体系。

这里需要企业的经营者注意的一个方面就是借债的额度，像米高梅公司，就是借债的额度远远超过了自身的偿还能力，从而破产。企业借款利息率只要低于资本的盈利率，就可以通过借款来提高收益，但借款的同时必须考虑到利息的成本，也就是财务风险，对于企业来说，这也是资本运营过程中的陷阱之一。

5

曹操退走华容道，善逃乃上策

纵马加鞭，走至五更，回望火光渐远，操心方定，问曰："此是何处？"左右曰："此是乌林之西，宜都之北。"操见树木丛杂，山川险峻，乃于马上仰面大笑不止。诸将问曰："丞相何故大笑？"操曰："吾不笑别人，单笑周瑜无谋，诸葛亮少智。若是吾用兵之时，预先在这里伏下一军，如之奈何？"说犹未了，两边鼓声震响，火光竟天而起，惊得曹操几乎坠马，刺斜里一彪军杀出，大叫："我赵子龙奉军师将令，在此等候多时了！"操教徐晃、张郃双敌赵云，自己冒烟突火而去。子龙不来追赶，只顾抢夺旗帜，曹操得脱。

——典出《三国演义》第五十回：诸葛亮智算华容　关云长义释曹操

败给吴蜀联军之后，曹操退走华容道，在退走的过程中甚至还放声大笑，留住实力之后重新再来，取得了最终的胜利。"善进为能，善退亦为能"，在战场上，该退则退并不一定是失败，退走之后保存实力，审时度势变被动为主动则会取得最终的胜利。诸葛亮六出祁山之时，也曾六次撤退，各具特色、不落旧套，在撤退中消灭大量敌人。

由此可见，"成功之道，赢缩为宝"。应在形势对自己不利的情况下，及时退走，避免损失。这也是在商场中避免损失的手段之一。投资的目的就是为了获利，但获利之前是有消耗的，如果消耗大于收益，就没有经济效益可言，再继续下去也是做无用之功。如果导致这种状况的原因不可能得到解决，盲目坚持，只会给企业背上沉重的包袱。在这种情况下，果断中止、保住资本才是高明的一招。

产权资本是投资的基石

对于投资者而言最重要的事情就是保住产权资本、留住权益资金，进而规避风险和损失，这才是投资行为中最该坚持的原则，同时也是投资者该保持的习惯。

从最基本的角度来看，留住本金是企业保持持续经营的需要，对于企业来说，保证持有一定量的流动资金作为营运资本是经营的关键。流动资金虽然是经营中必需的，但在交易中的难度却大于固定资产，比如银行在贷款时，通常也倾向于用能够顺利拍卖的资产作为抵押。因此，企业除了保存经营必需的流动资金外，还必须掌握必要的固定资产。而且，即使固定资产会有折旧，但其贬值的速度也是远小于货币资金的，尤其是存在通货膨胀的时候。

从资金成本角度来看，固定资产融资在专业性上相比流动资产要差一些，因此其融资成本也较低，投资方面也是如此。

<u>汉献帝的遭遇告诉我们：如果不保住自己的产权资本，被取代或被兼并是迟早的事。</u>

如何止损

止损是停止账面的损失。这是断定自己的做单方向和市场的走势相反时采取的一种措施。美国资深投资人欧奈尔曾指出，"止损是最后的保护性措施，是做单方向发现错误时的果断处理，是投资的第一要义。"

一、止损设立的原则

关于如何止损要坚持以下几条原则：

第一，提前设立原则

所谓提前设立，就是不要买进后不管，等到股票跌了才想到止损，这样做最后只能破坏自己的心态，起不到应有的作用。

第二，坚持有效原则

所谓有效，是相对于无效而言。比如 30 元的股票，把止损点定在 19 元，如果股价瞬间破了 19 元，随后又很快上升，则这个破位就是无效的，不要盲目止损。

作为投资者，要想保住胜利的果实，防止亏损扩大，必须养成执行必要的止损计划的习惯。

二、股票止损点的确定

在买股票之前，重点是选择止损点。即在进场之前，要考察清楚股票的运动走势和预期是否相符，否则就必须确定在何点止损离场。

股市复杂的变动情况对于短线操作既是风险又是机会。只要保持清醒，盯住绩优股，抓住机会进场，确定自己的止损点，就能减少自己的投资风险并获利。如果股价上扬，则可随时将止损点上移。止损点与实际价格不要距离太近。如果股票价格低于止损点，则说明挑选的股票进场时间错误，以致造成损失。此时应立即平仓卖出，以免损失过多。在做交易时，这种小的损失应被视为一种保险费，它至少可以降低机会成本的损失。如果股市下跌，短期无回档迹象，则短线操作者还可采用"先卖后买"的反向操作策略。即挑选那些市场失宠的股票先行卖出，在该股跌得更低时再重新买入。

当然，反向操作时也要注意止损点。确定股票的止损点，换句话说，在进行投资时，不要先幻想自己能获取多少利润，首先应该预计自己能承受的亏损是多少。但是不管怎么样，确定止损点是必须的，否则一切高明的股票操作都是无用的。按照行业默认规则，止损点不应超出投资额的 20%。

三、平衡点止损法

平衡点止损法是较为有效的止损技术之一，同时由于方法操作简单，所以比较适合普通投资者和新手。同时，平衡点止损法通常用于短线投机交易。

平衡点止损法具体为：建仓后，根据市场的活跃性、资金损失承受能力或价格的阻力、支持位情况，设立原始止损位。原始止损位离开建仓价格，根据情况不同，可能会有5%~8%或一个价格点位的差别。当价格与期望的方向相符时，则应尽快将止损位移至建仓价格，这个价格即是盈亏平衡点位置，即平衡点止损位。这时，就等于有效地建立了一个"零风险"机制或一个"免费交易"。投资者可以在任何时间套现部分或全部的盈利；当止损出场时，投资者并没有损失，最多在交易佣金和价格滑动方面有些微小损失。

对于股票的投资者来说，交易的首要目标是"不输钱"，而不是如何赢利。平衡点止损就是为了达到"不输钱"的目的。此外，保持运用止损法的习惯，不但可以保证投资账户还有利于养成健康的投资心理。

从华容道逃走的曹操让我们知道：失败了只要留住资本，就可以寻找机会重新再来，笑到最后才是笑得最好的。

典型现代案例
巨人大厦的倒塌

一手创办巨人集团的企业家史玉柱曾经于1995年成为在《福布斯》中国内地富豪榜上唯一一位靠高科技起家的企业家。巨人集团起初的经营很好，当时巨人集团的著名产品"脑白金"为巨人集团积累了大量的资金。但史玉柱却在那时做了一个错误的决定，就是用企业大量的现金做投资，兴建巨人大厦。

巨人大厦原本计划建18层，在投资刚开始的时候占用企业的现金并不多，但后来史玉柱将巨人大厦的建筑规划提高到70层，投资也从2亿元增加到12亿元。

当时的史玉柱在当地政府的大力支持下，决定要将巨人大厦建成中国第一高楼，但当时他可以支配的资金仅仅能为这栋大厦打桩。最终巨人大厦也没有完成，巨人集团很快就坍塌了，史玉柱也由此成为当时身负 2.5 亿元巨债的中国"首负"。

导致巨人集团这个结果的原因就是现金流的短缺，也就是营运资本的断裂。营运资本可以看作企业在应对经营风险时的缓冲垫，一旦这个缓冲垫出现了问题，那么在产生风险时企业就会陷入危机。巨人集团因为兴建巨人大厦导致资金断裂从而拖累了正常的经营活动。

因此，即使企业在拥有好的经营活动和较大的现金流入的情况下，也要避免盲目投资，必须保证企业正常运营所需的资本金。

融资篇

1

孙刘联盟烧赤壁，适时寻伙伴

典 故

　　却说鲁肃见周瑜卧病，心中忧闷，来见孔明，言周瑜卒病之事。孔明曰："公以为何如？"肃曰："此乃曹操之福，江东之祸也。"孔明笑曰："公瑾之病，亮亦能医。"……孔明曰："都督心中似觉烦积否？"瑜曰："然，"孔明曰："必须用凉药以解之。"瑜曰："已服凉药，全然无效。"孔明曰："须先理其气；气若顺，则呼吸之间，自然痊可。"瑜料孔明必知其意，乃以言挑之曰："欲得顺气，当服何药？"孔明笑曰："亮有一方，便教都督气顺。"瑜曰："愿先生赐教。"孔明索纸笔，屏退左右，密书十六字曰："欲破曹公，宜用火攻；万事俱备，只欠东风。"写毕，递与周瑜曰："此都督病源也。"孔明曰："亮虽不才，曾遇异人，传授奇门遁甲天书，可以呼风唤雨。……"

　　……

　　南船距操寨止隔二里水面。黄盖用刀一招，前船一齐发火。火趁风威，风助火势，船如箭发，烟焰涨天。二十只火船，撞入水寨，曹寨中船只一时尽着；又被铁环锁住，无处逃避。隔江炮响，四下火船齐到，但见三江面上，火逐风飞，一派通红，漫天彻地。

　　——典出《三国演义》第四十九回：七星坛诸葛祭风　三江口周瑜纵火

面对曹操势力逐步壮大的情况，诸葛亮给刘备的建议是与东吴联合，合二者之力来与曹操斗争。虽然东吴也是刘备的对手之一，但事有轻重缓急，面对强大的曹操，在自身实力不足的时候也只能寻找潜在的伙伴来共同克敌。刘备通过一系列手段促成了和东吴的联合，从而有了赤壁之战的胜利。事后证明，吴蜀联合确实给予了曹操有力的打击，赤壁之战之后，曹操退回北方不再轻易南下，刘备借荆州占益州，三国鼎立的局面就此形成。

当今的商场中其实也一样，不同企业的适当联合是增强竞争力抢占更大市场的方法之一，同时也可以分担风险。尤其是在一些大型项目中，由于资金需求较大、建设周期长、盈利较慢，单一企业往往难以支撑，这时候便需求寻找联盟企业分摊成本与风险，或者就项目进行融资。

企业战略联盟

联盟是介于独立的企业与市场交易关系之间的一种组织形态，它既没有集中化的权威控制，又不是市场上一手交钱一手交货的交易。可以说，联盟是企业间在研发、生产、销售等方面相对稳定、长期的契约关系。联盟容易在技术、地域上有互补性的企业间，以及未来不确定性高的新兴行业企业中形成。联盟的意义在于共享利益、减少每个企业的风险，减少投入成本。最近这些年来，联盟越来越频繁的一个原因就是因为高新科技企业需要的资金量越来越大，投资风险越来越高。单个企业力量有限，如果它对一个领域的探索失败了，那么损失就会很严重，如果几个企业联合起来，或者在不同的领域分头进行探索，就减少了风险，如同不用一个篮子装鸡蛋，而是多个篮子装鸡蛋。

联盟可划分为两类：一类是同行业之间的联盟，或者为了降低风险，或者想在市场上形成垄断势力；另一类是上下游产业之间形成联盟，比如英特尔和电脑厂商之间的关系。后一类联盟的效益更明显一些，一是它可以减少企业间的交易成本；二是它可以使市场供求关系更为稳定，更好地推动产品。

虽然企业联盟的形式有很多，但对于成功联盟的分析还是可以得出某些共性的因素：①联盟要给双方带来实实在在的收益。②联盟企业的组织形态很重要。比如国有企业和非国有企业就很难组成联盟，因为双方经营的侧重点会有所不同。③企业文化。如果企业文化相差很大则很难结成联盟。④法律环境的要求。如果有健全的法律制度、合同制度，那么合约就能得到完整执行。如果没有健全的法律环境，那么合约在执行过程中就可能因为利益分配等而难以贯彻。

那么如何形成企业间的联盟并达到分工合作、优势互补呢？具体方面如下：

第一，解决信用问题，建立一个相互信任、利益共享的平台及可靠的关系网，在相互了解的基础上进行合作，发挥各企业的优势和长处。

市场经济是开放的、竞争的、法制的经济。它的主导方面是能够激发人们的竞争意识、开拓意识和效率意识。同时它又伴有趋利性的弱点，容易被利益迷惑。企业信誉是各国企业都着重塑造的文化形象，世界上一些著名的跨国公司之所以能够在国际舞台上长盛不衰，重要的原因之一就是恪守商业信誉和公认的道德规范，讲究维护本企业的良好形象，并把它看成企业价值和竞争力的重要标志。因此，要想形成强有力的联盟，就必须保持良好的信誉，这才能有利于企业的长远发展。

第二，整合资源，重新策划定位、兼并重组，互相参股控制，进行资本运作，打造出行业的优秀品牌，用强有力的企业家之间的联盟来占领市场。创立和发展品牌是企业长久不衰、保持市场生命力的最有效的手段之一。

吴蜀联盟告诉了我们：只要有共同的利益就可以结成联盟抢占市场，市场竞争中没有永远的敌人，只有共同的利益。

产权联盟的企业融资

产权联盟的企业融资指的是以联盟形式组合的企业所进行的融资活动。产权合作的联盟模式必须是建立在现代企业制度上的，而现代企业制度主要体现在以下四个方面：①股权分散；②两权分离；③独立董事；④股票期权。现在的企业必须是股份公司，那么融资也就成了企业不可缺少的重要环节，这里的企业主要指的是未上市的公司。

企业融资方式有很多，但总结起来可以归纳为两类：一类是募集资金，二类是负债经营。具体选择哪一类主要看以下几个方面的因素。

第一，企业的效益与前景。企业效益好的应该首选负债，首选内部融资，管理层贷款买股。效益不好和前景不明的企业应该首选募股，以分散风险。

第二，企业合理的负债率。

第三，未来的通货膨胀率。

第四，发展企业的个人追求。

第五，企业经营者地位的巩固。

产权合作联盟无非是用将来的利润换上市、用利润换资金，产权合作联盟的公司可根据不同的企业分情况分几步走：①先注册一个有限责任公司，注册资金3 000万元左右，用公司的部分资产评估入股1 000万元，占股权的33%；②引进战略投资者入股2 000万元，占股权66%；③由民营投资方赠送管理者股权、期权各6%，三年后才能出让；④增资扩股增发内部职工股2 000万股，完成内部融资及职工和新公司一起享受公司发展的回报，从而更好地调动职工的积极性；⑤增资扩股、管理层借款回购增加投资3 000万股或者管理层收购，将股本扩张至8 000万股；⑥为进一步扩大市场进行渠道融资，引进营销网络投资2 000万股，将股本扩张至1亿股；⑦借壳上市，再从资本市场融资，配置更多、更优的资源，进一步整合新公司的产业，扩大市场份额以增强公司的竞争力。

项目融资

项目融资是一种新型的融资模式。这种融资模式的融资机制是比较合理的。其在分散风险方面有着不可比拟的优越性，正是因为这一点，使项目融资在基础设施融资领域中占有重要的地位。项目融资具有很大的开拓性和创新性，借此可以为企业和市场带来新的生机和活力，从而使企业在市场上的产品和项目更加丰富。但是项目融资也有一定的缺陷，新研发的项目风险较大，融资较难，运作成效期较长，且适用范围有限。但是只要企业选好项目且采用适当的融资模式是可以带来很好的融资效益的。在此我们主要介绍项目融资的结构和项目融资的风险分析。

一、项目融资的结构

项目融资是一种独立的融资模式。它的特点是一种集投融资于一体的融资模式。它包括如何设计项目发起人相互间的投资关系，如何为项目安排合适的融资模式，如何选择合理的资金来源，如何提供各种切实可行的担保问题等。项目融资是比较复杂的系统工程。一般来说，项目融资的整体结构由三部分组成：①投资□□□②融资结构；③担保结构。

□□□结构就是指项目发起人对项目资产权益的法律拥有形式□□□。一般情况，项目融资采用什么样的投资结构直接关系□□□形式，对现金流量的控制程度，以及在项目中承担的责任□□□项目融资的其他结构。因此，应该设计出符合项目融资要□□□

□□□投资结构，是比较常见的，同时也是最常采用的公司型的合□□□合资结构时，项目发起人要成立项目公司，以便项目公司与□□□项目公司作为独立法人，拥有公司的一切资产，承担公司的一□□□起人拥有的只是项目公司的一部分股权，而不是直接拥有项目的资产。在这种投资结构中，项目公司是实际的借款方，对融资的偿还承担直接的责任，并将公司资产及权益抵押或转让给融资人。

第二，融资结构

在项目融资的整体结构中，融资结构是核心部分，其通常包括两方面的内容：①项目的融资结构；②项目的资金结构。具体来说，项目的融资模式是指项目采用什么样的融资手段来实现融资人对发起人的有限追索权和实现项目风险的合理分担。

通常情况下，项目的融资模式需要解决以下两个方面的问题：①项目公司该如何安排融资，期间包括以谁的名义进行融资及如何使融资人对发起人只有有限追索权等；②如何使融资人对项目进行融资的风险得到合理的分担。

这里所遵循的原则是谁能控制风险，谁就应该承担风险。如项目完工的风险由承建商来承担，项目成本超支的风险由发起人来承担，项目最终产品的销售及价格风险由最终产品的购买者来承担等，这样就保证了项目按时按量地实现预期的现金流收入，从而也就使得融资人只承担最低限度的风险。

相对于投资结构来说，项目融资普遍采用的融资模式主要是发起人通过项目公司安排融资模式。其操作方法是发起人共同投资成立一个项目公司，以项目公司的名义拥有项目资产，经营项目和安排融资。

项目融资由项目公司直接安排，还款责任由项目公司直接承担。其通常有以下两个基本特点：①在项目融资模式中，发起人通常根据股东协议成立项目公司，按投资比例投入资金，其对项目的责任限于其投资或其承担的成本超支部分，项目融资人通常只有有限的责任追索权。②发起人所成立的项目公司作为独立的法人，应与融资人签订融资协议及担保协议等，直接安排融资并负责所融资金的偿还；与承建商签订项目工程承包合同，由承建商承担工程完工风险；与专业管理公司（又是发起人之一）签订项目经营管理合同，由管理公司承担经营风险；与项目产品的购买者签订长期购买合同，由购买者承担项目产品的市场风险等。

第三，担保结构

我们知道，在项目融资的运作程序中，融资人对发起人的追索权是有限的，而且融资的偿还资金的主要来源不是限于项目的现金流量和收益。故此，融资人会要求项目的有关方提供有效的担保。其担保结构通常包括项目本身的担保和来自项目之外的担保两项内容。

1. 项目本身的担保

所谓项目本身的担保就是指以项目的经济强度为担保，其间包括以项目未来的现金流量和项目的资产为担保等两项内容。项目融资用以保证所融资金偿还的首要来源是项目本身的经济强度，因此，以项目本身的经济强度作担保是融资人进行融资的第一道保障。另外，项目本身的担保通常表现在以下几个主要方面：①项目不动产和有形资产的抵押；②无形资产（银行账户、专利权等）的抵押；

③项目权益的转让等。

2. 来自项目之外的担保

来自项目之外的担保是相对于项目本身的担保来说的，即如果项目的经济强度不足以支持贷款的偿还，那么融资人就会要求项目借款人以直接担保、间接担保或其他形式给予项目附加的担保支持。这些担保可以是发起人提供的，也可以是由与项目有直接或间接利益关系的其他方提供的。其主要内容主要包括以下几个方面：①项目发起人提供的成本超支担保；②项目承建商提供的完工担保。除在承包合同中约定项目承建商有责任和义务于规定的工期内保质保量地交钥匙外，还要求项目承建商的银行提供承包工程履约担保；③项目设备供应商的担保。项目设备供应商通常提供项目设备质量或运营担保；④项目原材料供应商对项目的支持。原材料供应商则主要以长期、稳定、价格优惠的原材料供应协议作为对项目的支持；⑤项目产品购买者的担保，购买者从保障项目产品市场的角度为项目融资提供一定的担保。

在项目融资的过程中，为了保险起见，融资人有时还需要项目公司提供一些其他形式的担保。如当项目的现金流量需要兑换成外汇以用于还本付息时，融资人会选择一家或几家外汇兑换银行来参与项目融资，由项目公司与兑换银行签订外汇兑换协议，约定银行在收到项目公司的兑换申请后，无条件地为项目公司兑换外汇，外汇兑换的风险由兑换银行来承担，而且其签订的协议还可以给融资人带来间接的担保作用。

二、项目融资的运作程序

项目融资一般要经历融资结构分析、融资谈判和融资执行三个阶段。在融资结构分析阶段，通过对项目深入而广泛地研究，项目融资顾问协助投资者制订出分析方案，签订相关谅解备忘录、保密协议等，并成立项目公司。

在融资谈判阶段，融资顾问代表投资者同银行等金融机构接洽，提供项目资料及融资可行性研究报告。贷款银行经过现场考察、尽职调查及多轮谈判后，将与投资者共同起草融资的有关文件。同时，投资者还需要按照银行的要求签署有关销售协议、担保协议等文件。整个过程需要经过多次的反复谈判和协商，既要在最大限度上保护投资者的利益，又要确保能为贷款银行所接受。

在融资执行阶段，由于融资银行承担了项目的风险，因此会加大对项目执行过程的监督力度。通常贷款银行会监督项目的进展，并根据融资文件的规定，参与部分项目的决策程序，管理和控制项目的贷款资金投入和现金流量。通过银行的参与，在某种程度上也会帮助项目投资者加强对项目风险的控制和管理，从而使参与各方实现风险共担，利益共享。

项目融资的运作程序主要可以分为以下五个步骤：①项目的确定；②投资结构的确定；③融资结构的确定；④融资谈判；⑤项目融资的执行。

第一，项目的确定

采用项目融资模式进行建设的项目一般都是大型的基础设施和基建工程，这些项目的投资量大，建设周期长，同时此建设项目对社会和人民的经济生活有着巨大的影响。在确定项目时，首先应该考虑的问题是，该项目是否符合宏观经济形势发展的要求，是否适应国家产业发展的规划，是否能产生良好的社会效益。其次应考虑项目，在技术上是否适宜，在经济上是否合理，因为它们直接关系到项目建成后的技术和经济效益。为保证项目的可行性，要对项目进行技术测试和经济测试，这一点是相当重要的。

1. 技术测试

项目的技术测试包括两方面的内容。首先，要确定项目所采用的技术是否已被证明。一般来说，如果项目所采用的技术已被证明过是行之有效的，那么，项目在争取融资时就比较容易得到融资人的认可。其次，如果项目所采用的是新技术，那么项目在争取融资时就会面临较多的困难，融资人对新技术会十分谨慎，融资进度会减慢。

2. 经济测试

经济测试即对项目进行财务分析，是判定项目偿债能力的关键。根据项目本身的各项生产指标及其所面临的市场环境和财税制度，采用方案使其建立在现实的基础上，并对项目未来的经济效益及有关指标进行测试，从而判断项目未来的盈利水平及偿债能力。

在经济测试的过程中，项目必须被证实。预测结果，项目所获得的现金流量应能支付所有的经营费用、债务利息、税款及其他费用，并留有足够的利润储备来对付利率、汇率、产品价格和市场需求的变化，同时还能为项目带来足够的利润盈余以实现其股东的投资回报目标。

第二，项目投资结构的确定

确定融资项目后，就应该对投资结构进行研究。在确定项目的投资结构时，项目的发起人需要考虑很多问题，其中主要包括项目的产权形式、产品的分配形式、债务责任、现金流量控制及税务安排等方面的内容。项目的投资结构与融资模式和资金来源有着密切的关系，对投资结构的选择在一定程度上将直接影响到融资模式和资金来源的选择。当然，投资结构并不是一成不变的，在设计融资模式和选择资金来源时也会根据要求适当地对投资结构进行调整，只有这样项目投资结构才比较合理。

第三，项目融资结构的确定

项目投资结构确定后，就应该确定项目融资结构。在这一程序中，需要对融资模式和资金来源进行确定和评估。

1. 确定融资模式

好的融资模式有利于简化融资过程。发起人和项目公司一般委托融资顾问来协助办理融资事宜。融资顾问针对项目的投资结构及其他情况，包括当时融资市场的行情，同项目公司和发起人一起共同研究和设计项目的融资模式。设计项目融资模式的重要步骤是安排融资人对发起人仅有有限追索权的贷款，并在分析、评估项目各种风险的基础上合理、有效地降低项目参与者承担的风险，要站在融资人的位置上设计符合融资人贷款要求的项目的经济强度和各种担保结构。

2. 资金来源的选择

如果融资模式确定好了，但是仍未选择好资金来源，那么项目融资仍不能很好地进行下去。首先，应尽量选择使用设备出口国的出口信贷或政府贷款，这样可以降低利率，减少成本支出。其次，在选择使用国际银行贷款时，尽量选择具有一定国际声望和实际经验的与项目规模适合且对所融资的项目及所属行业比较熟悉的银行。再次，在考虑发起人的资金实力和项目实际需要的前提下，为项目安排一定量的从属债务。最后，在考虑项目税务安排的情况下，结合实际情况，来确定资金来源的选择。

第四，项目融资谈判

在上述程序完成后，融资顾问起草项目备忘录，并将备忘录整理后发送给一些潜在的融资人，如商业银行或其他一些金融机构。潜在的融资人收到备忘录后，单独或聘请各方面的专家对项目拟采用的技术进行一番详细的考核和论证，核实项目的财务分析是否准确合理，并分析项目所在国的政治经济环境是否稳定，项目在环境保护、资源利用方面有无特别规定等，只有解决了这一系列的问题，才能作出下一步的决策。

融资顾问负责组织贷款银行团，着手起草项目融资的有关文件，并安排有关方面就协议内容进行谈判。一般来讲，这一阶段要经过多次反复的谈判，耗时较长，因而需要具有一定的耐心。

在谈判中，不仅会对有关融资具体事项的法律文件进行修改，在很多情况下还会涉及融资模式或资金来源的调整问题，有时需要对项目的投资结构及相应的法律文件作出修改，以满足贷款人的要求。在这一阶段，融资顾问应发挥穿针引线的作用，努力协调贷款银行团和借款人及其他方面之间的关系，坚持求同存异的方法，尽快地实现自己的谈判目的。

第五，项目融资的执行

在各方面正式签署项目融资的法律文件后，项目融资就从准备阶段进入了执行阶段。在项目融资中，贷款银团通过其代理人监督项目的进展；根据融资协议的规定，参与项目的部分决策；管理和控制项目的贷款资金投入和部分现金流量。

在项目建设初期，贷款银团代理人将经常性地监督项目的进度，并根据进度和资金计划，合理地提取贷款资金。在项目的试生产期间，贷款银团代理人应监督项目的试生产情况，确认项目是否达到了融资协议中规定的商业标准。在项目的正常运转期间，贷款银团代理人将管理项目的现金流量，在债务清偿完毕后，这种管理权会自动丧失。

总之，项目融资的运作程序就是这样，只有做好每一步，其运作过程才会简化，其融资目的才会实现。

三、项目融资的风险分析

贷款人十分清楚借款人偿还贷款的资金来源是项目产生的现金流量，贷款人对发起人或第三方仅有有限追索权，因此，对项目存在的种种风险进行全面的研究和估算就显得尤为重要。在项目融资过程中，其承担的风险主要有以下几个方面：

第一，政治风险

政治风险是指那些由于战争、国际关系变化、政权变更、政策改变而导致的项目资产和利益受到损害的风险。这种风险往往会给项目融资带来毁灭性打击。政治风险主要分为政治的稳定性和政策的稳定性。

第二，获准风险

开发和建设项目必须得到项目东道国政府的许可，而获得政府的许可需要经过复杂的审批程序，需要相当长的一段时间。如果项目不能及时得到政府的批准，就会延误工期，致使项目无法按进度进行。贷款人和发起人对此应有充分考虑，弹性安排工作时间，以应付审批过程中的拖延。如果项目设计有缺陷，那么就会遭到政府的拒绝。

第三，法律风险

法律风险是东道国法律变动给项目带来的风险。因而，贷款人和发起人要对东道国的法律体系进行考察、研究。具体来讲，要从以下几个方面进行考虑：①根据东道国的法律规定，发起人能否有效地组织项目融资的结构，并进行项目的经营。②出现纠纷时，是否有一个完善的商业法律体系来提供仲裁机构，解决纠纷。③是否有一个完善的司法机制和一套严格的法律执行体系，用以执行法院的仲裁结果。

第四，信用风险

信用风险是指项目参与方因故无法履行或拒绝履行合约所规定的责任与义务。

具体来说，信用风险的表现形式是多种多样的，如项目承建商未能在规定的工期内完成项目的施工建设，或不能按时按量交付工程；最终产品的购买者不按规定接收产品，或接收后不支付款项；借款人无力偿还债务或拒绝偿还债务等。信用风险是令贷款人最为头疼的问题。为尽量规避信用风险，要求贷款人对项目的各个参与者进行认真的评估和筛选，分析参加者的资信情况；同时应对其技术和资金能力等方面进行全面的考虑。

第五，市场风险

市场风险是指该项目制造出的产品销售不出去，无法实现盈利的风险。项目的效益取决于该项目的产品在市场上的表现，产品在市场上主要面临价格风险、竞争风险及需求风险，下面对这三种风险进行分析。

（1）价格风险分析，主要研究产品能否以合适的价格出卖，以保证售价可以在弥补成本后仍有一定的盈余。

（2）竞争风险分析，主要研究有多少家企业生产同类产品，自己产品的市场占有率和市场渗透率如何，项目产品有无其他替代品。

（3）需求风险分析，主要通过调查国内的市场需求和国外的市场需求，调查现在的市场需求，预测将来的市场需求，研究产品购买者的消费习惯、变化趋势和未来通货膨胀的发展趋势，来合理确定项目的规模。

第六，外汇风险

外汇风险是指在涉及涉外融资的过程中承担的风险。外汇风险包括以下三个方面：①东道国货币的自由问题；②收益的自由汇出问题；③汇率波动所造成的货币贬值问题。

项目在正常运行情况下产生的现金流量能否自由兑换成发起人或贷款人需要的货币，并自由汇出东道国，以及东道国货币汇率是否会大幅波动造成利益损失等是项目融资参与者十分关心的问题，项目收入的自由兑换和自由汇出问题主要依靠投资者与东道国政府在项目融资前签订的协议来解决。

第七，利率风险

利率风险是指某项目在经营过程中，由于利率变动而影响到项目的价值或造成收益情况损失的风险。如果项目采用固定利率进行融资，日后市场利率下降便会造成机会成本的提高。如果采用浮动利率进行融资，利率上升，那么项目的生产成本自然就会提高。

第八，完工风险

完工风险指的是项目无法完工、延期完工或者完工后不能达到预期运行标准的风险。完工风险是项目融资的核心风险之一，存在于项目建设阶段和试生产阶段，意味着项目贷款利息支出的增加，项目建设成本的增加，贷款偿还期限的延长和市场机会的错过。所以，要尽量采取措施，使项目按期完工，把完工风险降到最低。

第九，经营风险

经营风险是指项目在试生产阶段和生产运行阶段由于经营困难、运营费用超支以及无足够的现金流量用于偿还债务而形成的风险，是项目融资的另一个核心风险。如果项目使用的是成熟的技术，并且经营者具有丰富的经营经验，贷款人愿意在进行充分分析风险的基础上承担全部或大部分的经营风险。经营风险主要包括以下三个方面：

1. 生产条件风险

生产条件风险主要包括：①能源与原材料的价格是否合理，供应是否可靠；②项目所需的资源是否充足；③交通、通信以及其他公用设施的条件是否便利等。如果不重视这些因素，项目的生产成本就会加大。

2. 技术风险

项目融资中，如果采用的技术是未被采用过的，贷款人应对使用技术可能造成的失败风险和费用进行分析，以确保技术中不存在任何无法解决的问题。使用成熟的技术可以大大降低技术风险，易于获得有限追索的贷款。对技术风险缺乏足够的重视，会造成成本超支，更严重的后果是整个项目也可能会因此而失败。

3. 经营管理风险

经营管理风险用于评价发起人对于所开发项目的经营管理能力，这种能力是决定项目生产效率的重要因素。经营者在同一行业或相似行业中的工作记录和经验是判断一个经营者能力的重要标志之一。因此，选择具有良好资信的经营者可以使经验风险大大减少。

第十，环保风险

工业项目对自然环境以及人们的生活和工作环境所造成的负面影响已经越来越引起社会的关注，为了解决这个问题，许多国家政府都制定了严格的环境保护法。对于利用自然资源或污染较严重的项目都需要遵守环保政策。满足环保法的要求意味着项目成本的增加，表现为需要缴纳各种罚款，增加环保费用支出。因此，要重视项目可能出现的任何环保方面的风险。

赤壁之战让我们知道：在独自不能解决一个项目资金的时候，与他方共同分担其实是个好方法，少赢利总好过不赢利。

典型现代案例
一、日照电厂开项目融资之先河

我国首例项目融资是山东日照电厂项目。这一项目于 1993 年 3 月由国家计委正式立项。山东是我国沿海开放地区，进入 20 世纪 90 年代后，山东经济的发展更是突飞猛进，但电力缺乏对经济发展的制约作用也越来越突出。为此，山东省政府经过认真勘察、仔细论证，决定在沿海新兴城市日照兴建一个热电厂，并由国家计委立项，充分表明了该项目的分量和前景。由于本项目投资额较大（一期工程装机容量 2×35 万千瓦，投资人民币 49 亿元），单靠国内资金困难比较大，于是山东省电力公司代表中方与以色列著名大财团联合开发财团（UDI）签署了《中外合作经营山东日照发电有限公司协议书》。接下来，对山东日照电厂项目进行了具体的分析。

首先，确定资金来源和资金成本（贷款利率）。按照大型基建项目资金的安排管理，项目合作经营公司需要负担该项目所需资金的 25% 左右，其余资金则需在国内外筹借，UDI 公司的任务之一便是利用其在国际资本市场上的信誉和经验，为合作公司在境外筹集贷款。UDI 公司派出专门人员，探讨了各种融资渠道，到 1994 年 7 月确定以德国和西班牙银行的出口信贷为主，采取项目融资的方式解决境外融资。不久，中国总理出访德国，签署了设备供应和提供出口信贷的意向书。获得出口信贷意味着项目将购买德国和西班牙两国的发电设备，而采用"项目融资"方式意味着复杂的合同安排和艰苦的利率谈判。为了增加贷款银行的信心，UDI 还建议著名的设备供应商西门子公司加入到合作公司中来；为了融资更加顺利地进行，合作公司中方又邀请熟悉国际资本市场的中国人民建设银行（现更名为中国建设银行）担任中方财政顾问。

由于利率谈判从一开始就以浮动利率为基础进行，而美元长期贷款利率当时已升至 8.6%~9.0%，如此高的融资成本势必推动发电成本的上升，热电厂无法接受。因此，作为合营项目公司来说，必须争取固定的优惠利率。在项目第一大股东中国电力投资有限公司主持下，与贷款方经过艰苦谈判终于将大部分贷款的贷款利率确定为经合组织（OECD）规定的优惠利率。1995 年 1 月 14 日，在北京草签了贷款条件清单、设备供应合同和中外合营合同。

整个项目贷款额为 3.5 亿美元，其中 85% 为出口信贷，利率在德国和西班牙两家银行分别为 6.6% 和 5.95%，综合利率为 6.27% 左右。期限为 12~16 年。其余贷款为商业贷款，利率按国际惯例实行浮动制，由中外 7 家股东（中方股东为中国电力投资有限公司、山东华能公司、山东电力公司、山东省国际信托投资公司、日照市经济开发公司，外方两家股东分别为以色列 UDI 公司、德国西门子公司）合作经营的日照电厂项目在采用"项目融资"方式获得贷款后正式启动。

二、越秀烂尾楼的"咸鱼翻身"

1999 年 10 月坐落于广州越秀区解放南路、距有名的老城区中心海珠广场仅咫尺之遥的亿安广场裙楼以下完工交付使用，百盛、宾友赛特等大型百货公司先后进驻。消费者蜂拥而至，使亿安广场盛极一时。近年来，亿安广场周边地段因缺少消费能力强的年轻客户群体支持等各种原因，已被当地业界戏称为"商业死角"，大名鼎鼎的百盛、赛特先后从该商厦败走，最直接的原因据说就是"选址不当"，同时那一带写字楼的租售情况也一直差强人意。

2000 年 8 月塔楼主体结构验收，整体工程基本完成。后因投资开发商的其他经营业务拖累，影响了建设资金落实，导致广场塔楼内部装修后续工程延迟。受广州市政府有关部门委托，广州产权交易所组织广州君通拍卖行和广东创利拍卖有限公司对其进行整体拍卖，以抵偿亿安广场投资开发商的债务。

亿安广场的发展商广州亿安广场房地产发展有限公司拖欠的债务高达 7 亿元以上，债权人主要是银行，另外还有广州市政府、建筑商等。据了解，在所欠多家银行的债务中，欠中国建设银行广东省分行的债务最多；欠政府的债务主要是尚欠广州国土房管局的 3 500 多万元的土地出让金未付。

2003 年 10 月 24 日，正是这家名不见经传的广州市万菱置业有限公司在广州产权交易所组织的公开拍卖会上，以 5.48 亿元一举将位于广州老城区越秀区 37 层高的亿安广场收入囊中，所得商场、写字楼及地下停车场等物业建筑面积超过 10 万平方米。

接手方——新东家万菱置业在省、市和越秀区各级政府的大力支持和配合下，一年多来投资近 1.6 亿元，对该烂尾楼项目进行了收尾工程施工和整体设备、设施的改造升级，经过紧张的建筑续建和项目包装后发生了巨变：商场重新开业，成了热闹的玩具精品世界，写字楼也进行了公开发售。现投资者准备追加投资额 2 亿元，增加酒店客房管理、卡拉 OK、棋牌、健身、桑拿等经营范围，扩大其经营规模，随即大力推向市场。

万菱广场垂直会展写字楼公开发售当天，因其创新的商务运营模式和发展前景，得到不少客户认同，并且纷纷进驻办公。亿安广场烂尾楼成功地"咸鱼翻身"。

烂尾楼的买家在意的并不是项目盘活后商场或者写字楼的有限租金回报，真正吸引他们的是物业的潜在资本增值空间。众所周知，价格低廉、建设周期短、投资回报快，是烂尾楼的诱人之处。在收购了烂尾楼项目之后，采取双管齐下的策略，一方面是做好选点、策划和招商工作，另一方面是花大力气拓宽资本渠道、打造资本平台。相比之下，后者更为重要。科学合理的运作之下，烂尾楼也就成了赚钱的利器。

2

仁义可敌百万兵，信誉是法宝

典故

　　（张松）于是乘马引仆从望荆州界上而来，前至郢州界口，忽见一队军马，约有五百余骑，为首一员大将，轻妆软扮，勒马前问曰："来者莫非张别驾乎？"松曰："然也。"那将慌忙下马，声喏曰："赵云等候多时。"松下马答礼曰："莫非常山赵子龙乎？"云曰："然也，某奉主公刘玄德之命，为大夫远涉路途，鞍马驱驰，特命赵云聊奉酒食。"言罢，军士跪奉酒食，云敬进之。松自思曰："人言刘玄德宽仁爱客，今果如此。"

　　统曰："荆州东有孙权，北有曹操，难以得志。益州户口百万，土广财富，可资大业。今幸张松、法正为内助，此天赐也。何必疑哉？"玄德曰："今与吾水火相敌者，曹操也。操以急，吾以宽；操以暴，吾以仁；操以谲，吾以忠：每与操相反，事乃可成。若以小利而失信义于天下，吾不忍也。"

　　——典出《三国演义》第六十回：张永年反难杨修　庞士元议取西蜀

历数三国人物，刘备大概是多情能哭的第一人。他不仅在百姓面前哭得出来，更多的是在自己的文臣武将面前掉泪。刘备丝毫不吝惜自己的眼泪，这应该算是一种感情投资。除了能哭，刘备也一直传播其"仁义"的形象，感召并吸引众多英雄来为之效力。

三国时，刘皇叔靠"仁义"吸引人才，那么放到今天的商场之上，这个"仁义"就可以看成企业的信用。在今天企业筹资的活动中，信用也可以发挥巨大的作用。

与刘备相反的是手段强硬的曹操。放到今天的商场上说，如果曹操的强硬代表硬性收购，那么刘备的"仁义"就是软性并购，即通过柔化、渐进的方式取得对另一方的控制权，这种方式的缺点是过程相对漫长，其优点是会很平稳地控制另一方，并且能稳固地发展，融合性更好。刘备的软性并购似乎要比曹操的硬性收购成功。

这样看来刘备的软性并购策略值得学习，那么，在当今的企业筹资活动中该如何运用信用等无形资产呢？

信用融资

信用在市场经济中占据着重要的地位。企业在生产环节当中需要通过外部的融资来扩大自己的生产规模，这些都是信用经济的表现。随着市场经济的快速发展，商业信用融资发展迅猛，已成为企业经营活动中应用最为广泛的一种融资方式。

商业信用是商业活动中，交易双方或各方以诚信为基础，以商品或服务为载体而形成的借贷关系的反映。商业信用融资是指企业利用其信用，在销售商品、提供服务的经营过程中向客户筹集资金的行为，包括收取客户的预付款、押金、定金，向客户赊款、开具商业汇票等，比如：房地产行业中预售楼款、零售业中商品销售柜台预收入场费、经销商赊销后付款的行为等。商业信用是经济活动中最基本、最普遍的债权债务关系，可以说只要有商业活动，就存在商业信用。贸易越是繁荣，经济越是发展，商业信用越是能发挥重要作用。商业信用对扩大生产、促进流通、繁荣经济具有积极的影响，中小企业如果能够有效地利用商业信用，就可以在短期里筹集一些资金，用于生产经营，从而暂时缓解企业的资金压力。

但是商业信用融资也有不足：①期限较短，尤其是应付账款，不利于企业对资金进行统筹运用。②对应付账款而言，若放弃现金折扣，则需要负担较高的成本；对应付票据而言，若不带息，可利用的机会极少，若带息则成本较高。③在法治不健全的情况下，若企业缺乏信誉，容易造成企业之间相互拖欠，影响资金周转。

一、商业信用融资的形式

企业利用商业信用融资的具体方式通常有应付账款融资、商业票据融资和预收账款融资三种。

第一，应付账款

应付账款是指企业购买货物未付款而形成的对供货方的欠账，即卖方允许买方在购货后的一定时间内支付货款的一种商品交易形式，是最典型、最常见的商业信用形式，可以用来弥补企业资金的暂时性不足。采用应付账款这种形式，卖方的目的主要是为了促销，扩大市场份额，而买方延期付款相当于从卖方那里获得一笔无息贷款，可以在一定程度上缓解短期资金需求。

应收账款是买方采用的一种最简单、最方便的短期负债融资方式，但应适度掌握，控制赊购商品数额，防止失控和滥用这种方式，否则将影响公司的信誉，造成银行信用等级的降低，最终又会失去商业信用，导致公司经营陷入困境。

第二，商业票据

商业票据是指企业财务所称的应付票据，是企业在进行延期付款交易时开具的反映债权债务关系并凭以办理清偿的票据，它可由购货方或销货方开具，并由购货方承兑或请求其开户银行承兑。商业票据一般有商业本票和商业汇票两种。其中商业本票是由债务人向债权人开具的保证在一定时日内无条件付款的书面承诺；商业汇票是由债权人向债务人签发的，要求债务人在一定时日内无条件付款的书面命令，其付款期限由交易双方商定，我国一般为1~6个月，最长不超过9个月。

第三，预收账款

预收账款是指卖方企业按照合同或者协议约定，在交付货物之前向买方企业预先收取部分或全部货物价款的交易形式。这是一种直接信用，在这种信用方式下，资金的供应者是商品交易中的买方企业，所提供的信用是货币资金。这种信用方式为卖方企业解决了一定资金不足的困难，又增加了购买力，并且几乎没有融资成本，对卖方企业来说是十分有利的。这种融资方式通常适用于生产周期长、资金需求量大的商品销售。但是运用这种信用方式的前提是卖方企业提供的商品是市场紧俏商品，一般不是任何企业都可以普遍采用的。

二、商业信用融资的技巧

商业信用作为企业直接融资的一部分，其对象是企业再生产过程中的商品资金，是再生产过程中的资金循环的一部分，是企业之间相互提供的信用。所以，运用商业信用会受到企业资金规模和商品流转方向等方面的制约。商业信用融资就像其他融资方式一样，也具有一定的局限性，因此，中小企业要认真研究、掌握商业信用融资的技巧，趋利避害、扬长避短，才能很好地运用商业信用融资的方式解决短期资金不足的问题。

第一，应付账款的融资技巧

在赊销商品的过程中，为了使买方企业按期付款或者早付款，卖方往往会规定一些信用条件，如 2/10，$n/30$，意思是：如果买方从购买商品发票日算起 10 天内付款，可以按发票金额享受 2% 的折扣优惠，这 10 天是折扣期限；如果 10 天后至 30 天内付款不享受折扣，买方付款期限为 30 天，这 30 天称为信用期限。因此，企业就应该充分利用卖方提供的现金折扣，在折扣期内付款，享受免费信用。如果企业放弃折扣优惠，则要付出一定的代价。放弃折扣的成本大小可以按以下公式计算：放弃现金折扣成本 =[折扣百分比／(1- 折扣百分比)]×[360 天／(信用期限 - 折扣期限)]。从这个公式可以看出，放弃现金折扣成本大小与折扣百分比的高低、折扣期限的长短成正比，与信用期成反比。

如某企业赊购商品 100 万元，卖方提出付款条件"2/10，$n/30$"。若在折扣期内付款，即选择第 10 天付款，则需要付 100×（1-2%）=98 万元；若放弃现金折扣，即选择在 30 天付款，则需要付 100 万元，这相当于占用 98 万元资金 20 天，付出了 2 万元的代价。所以，企业放弃现金折扣的代价是很高的。

第二，商业票据融资技巧

商业票据是企业进行商品交易时延期付款开具的表明债权债务关系的票据。具体说就是买方根据销售合同向卖方开出或承兑商业票据，从而延期付款的一种信用。商业票据可分为带息票据和不带息票据。带息票据在票据上标有利率及计息日期，一般在到期日兑付时一并支付利息。不带息票据是在到期日只按票面金额兑付而不另外给利息的票据。如果结算用的票据是不带息票据，则属于免费信用，没有成本。如果结算用的票据是带息票据，则到期应承担的票据利息就是应付票据的成本。

带息票据的利率一般要比银行借款的利率低，而且不用保持相应的补偿性余额和支付协议费，所以其筹资成本要低于银行借款成本。

商业票据融资拓宽了中小企业的融资渠道，截至 2006 年年底，我国票据融资总额占贷款总额的比例仅为 8% 左右。而在美国，商业票据已成为金融市场非政府类机构第一大短期融资工具。2005 年 12 月，美国未到期商业票据余额已超过 1.6 万亿美元，商业票据余额与贷款余额的比例为 1∶3。因此，利用商业票据融资可能是未来我国企业开展短期融资的一个方向。

目前，长三角地区的中小企业越来越热衷于票据融资的方式。利用商业票据融资对中小企业的好处：一是提升商业信用。大部分中小企业都为达不到贷款标准而烦恼，尤其流动资金贷款难。而票据融资过程中可进一步引进银行信用，将银行信用与商业信用结合起来，提高商业信用，增加中小企业利用商业信用融资的机会。二是不受规模限制。持有未到期银行承兑汇票的中小企业，若急需资金，可立即到银行办理贴现，利用贴现所得资金组织生产，创造高于贴现息的资金使用收益。三是降低融资成本。票据融资成本要比向银行贷款的成本低得多。四是优化银企关系。票据融资使小企业与银行经常打交道，促进银行对企业的了解，无形中降低了企业今后申请贷款的门槛。

第三，预收账款融资技巧

预收账款是卖方企业在生产之前先向买方企业提前预收一定数额的货款的融资方式。这是企业在销售商品时，要求买方在卖方发出货物之前支付货款的情形。一般用于如下两种情况：一是销货方已知买方的信用欠佳；二是产品的生产销售周期长、售价高、批量大、资金相对紧缺。销货单位一般应该具备下列条件：

（1）要具有很高的信誉度，以产品质量为标准确定预收货款的上限额，确保供货样品与最终产品质量一致。万一出现最终产品质量与样品不一致，应及时予以退款，并付赔偿金。

（2）产品要求实事求是，不夸大不缩小，坚决杜绝虚假宣传误导。

（3）卖方和买方企业双方签订合同，确定双方的义务和权利，合同最好由公证机关公证，从法律上保证购销双方的合法权益，确保合同的履行。

预收货款对销货企业是一种筹集短期资金的形式，而且这种筹资方式一般无需付出代价，完全属于免费信用，因此没有成本。

无形资产的融资模式

企业的资产由有形资产和无形资产组成，无形资产的价值形态就是无形资本。企业实行资本经营，既要经营有形资本，也要经营无形资本。强调无形资本经营，是要将无形资产看作可以增值的资本，使其充分发挥应有的作用。

在现代化的经济领域中，由于无形资产是具有价值的和可交易性的商品，是资本化的财产，因此，利用无形资产融资，从事资本经营，是现代企业经营发展的重要特征之一。

不同企业应根据其拥有无形资产的特点选择不同的融资方式。一般而言，无形资产融资方式大致包括：无形资产的许可、转让与参股投资，利用声誉资产筹资，以及特许权融资等，其中以许可转让与参股融资和特许权融资这两种方式为主。

一、无形资产的许可、转让与参股融资

这种融资方式大多用于知识产权类无形资产，特别是工业产权类无形资产，如专利权、商标权融资。

第一，专利权的许可和转让

专利权的许可是指在签订许可合同或许可协议的情况下，专利权人准许他人制造、使用、销售专利产品或者使用其专利方法，获得专利使用权的一方要给专利权人一定的经济补偿。

专利许可权，按其被许可的权限来讲，一般有下述几种类型：①独占许可；②独家许可；③普通许可；④分售许可；⑤互惠许可。

实施专利许可的原因：①专利权人自己实施其发明创造的难度较大，成本高，依法许可他人实施其专利可能效益更大，这既有利于鼓励发明创造，又能给权利人带来实际的收益。②当今科学技术日新月异，如果一项专利不尽快实施，那么专利权在经济上就要蒙受损失。

专利权的转让，是专利权人通过签订转让合同，转让其专利，并由他人享有该专利的使用权与专有权。转让的方式有买卖、交换、赠予以及继承等，其中买卖是最常见的一种转让方式。

在转让专利时，专利权人要注意以下两点：①转让合同要经专利局登记和公告后才有效，随着专利权的转让，专利权的主体随之也发生了变更。②要处理好整体转让与部分转让的问题。一般来讲，一项专利权只能作为一个整体转让，不能分部分地转让。如果一项专利权为多人共有，则其中某人只能就自己所拥有的权利份额转让给专利权人以外的人。否则，就可能对别的专利权人的利益造成损害。

第二，专有技术的转让

专有技术的所有者或持有人可以将技术的所有权或使用权转移给他人，以获得相应的报酬。

第三，商标权的转让与使用许可

商标权的转让是指注册商标所有人在法律允许的范围内，根据自己的意志和

按一定的条件，将其注册商标转移给他人所有，由其单独享用这种权利。

一般来讲，注册商标的转让有两种形式：合同转让与继承转让。合同转让即商标权买卖，指转让人和受让人之间通过签订合同进行商标转让，而受让方应当向转让方支付相当的转让费。企业进行商标转让也要注意两个方面的问题：①必须按法律规定在商标注册机关办理有关转让手续，经核准后转让才有效；②对于联合商标、亲族商标的转让要特别慎重。

根据商标转让的定义可知，这种转让是商标权的全部转移。对于联合商标，如果只转让其中某一个商标，若受让人不注意维护商标信誉，由此造成的不利影响会波及那些未转让的部分，因为各个联合商标相互近似，容易混淆且用在同一或类似产品上。亲族商标、联合商标中的某一商标一般不要单独转让，要转让就整体全部转让，否则，就可能因为一个商标声誉受损，而累及主体商标。这对企业的发展而言，是极为不利的。

商标的使用许可与商标的转让这两个概念是有区别的。商品的使用许可是指注册商标所有人通过签订使用许可合同，许可他人使用其注册商标，被许可方要向许可方支付许可费。商标使用许可分为一般许可和独占许可。一般使用许可是商标所有人许可他人有偿使用他的商标，并保留向其他人出售许可的权利。独占许可是许可方只允许被许可方一家独自使用其注册商标，甚至在一定的时间和地理范围内，即使是商标所有人，也不能使用自己的注册商标，否则就是违约，就应当向被许可一方承担赔偿违约责任。

在商标使用许可的范畴中，被许可方得到的是部分商标权，即商标使用权，商标所有权与禁止权仍属于原商标注册人。因此，在签订商标许可合同时，许可方有权要求被许可方保证其产品的质量，维护商标信誉，不能将商标使用权再转让给其他人。例如上海一家服装厂同时许可浙江、江苏多家小厂使用它的"蝴蝶"牌商标。那些被许可厂家产品粗制滥造，低价倾销，不注意维护商标信誉，受到工商部门的查处。结果注册商标被撤销，商标所有人也受到了不应该有的损失。由于商标的使用许可是伴随着信誉的部分让渡，企业在选择被许可方时一定要注意对方的资信与技术质量能力，在许可合同有效期内要对受让方的经营行为进行必要的监督。否则，自己的企业也会遭受重大的损失。

第四，专利权与商标权参股投资

在某些情况下，有的企业将自己的专利权与商标权作价，作为股份与他人合资、合作生产产品，这种形式既不丧失无形资产所有权，还能在长时期内获得投资报酬。相对而言，这种融资方式是比较高级的。

选择这一融资方式的关键是做好无形资产价值评估，对于投资者来讲要避免自己的资产价值被低估；对于用这种方式吸引他人投资的筹资者来说，在评估资产的过程中，必须准确评估；否则，企业就会遭受一定程度上的损失。

第五，利用无形资产扩大企业的资本运营

日本在第二次世界大战后的 25 年中，投资 100 亿美元引进 26 000 多项技术并加以吸收消化，获得 5 000 多亿美元的收益。同时，这种方式对于小企业也很有优势，中小企业可以从一些知名大公司获得经营某项业务的特许权，或从政府那里获得经营某种业务的特许权。如此这般，就可采取下述方式，我们将在接下来的特许权融资中进行系统的介绍。

二、特许权融资

特许权如能为企业长期带来经济收益，它也是一种无形资产。特许权，又称特许经营权或专营权，是指政府所给予的允许使用公有财产或准许专门经营的特殊权利，或企业相互间转让的特许经营权。我国古代有对盐、铁的特许经营权，近代的特许经营权也有相当一部分仍是依赖于政府的行政特许，现代有些行业如黄金开采、造币等也是依赖于政府的行政特许。

随着市场经济的发展，出现了愈来愈多的与行政权无关的特许经营业务，形成了纯商业性的经营业务，如旅馆业、商业等。特许经营权包括特许生产和特许销售权。特许权许可的业务，在现代经济发展日益显示其作用并正在迅速发展，特许权已从行政权力延伸发展成纯商业性的企业经济权益，但无论是前者还是后者，特许权许可对企业来说，都是一种无形的资产。如果能好好地把握这种资产，就能很好地达到融资的目的。

一般来讲，特许权可以分为以下五种情况：

第一，特种行业经营权

特种行业经营权在我国是针对旅馆业、旧货业、修理业、印铸刻字业、按摩业等行业的总称。因为犯罪分子往往利用这些行业藏身落脚或进行销赃、伪造图章证件等犯罪活动，故公安机关把它们列为特种行业严格管理，既保障了它们的合法经营，又预防和打击了犯罪活动。

第二，资源性资产开采特许权

所谓的资源性资产是指那些存在于自然界，能为人类带来物质财富，但由于其稀缺性，由特定主体所占有并具有排他性的自然资源。资源性资产开采特许权主要包括开采权、土地使用权等。

第三，专卖性的垄断经营权

这种特许经营权，即国家对某种商品的生产、销售和进出口依法实行垄断经营。专卖的特点是国家垄断专卖品的经营权。专卖由法律确认，此专营更为规范。其目的是调节消费，稳定秩序，增加国家收入。

第四，实施许可证制度经营权

这种性质的特许经营权也有多种情况，如生产许可证。生产许可证是国家进行质量管理和行业管理的一种手段。它一方面限制那些落后的、应该淘汰的产品的生产；另一方面对产品的产量进行宏观调节，所以生产许可证不仅是企业生产经营的条件，也是企业提高效益的有利条件，因而它可以成为评估对象。

第五，纯商业性特许经营权

纯商业性的特许经营权是企业间通过特许建立的一种契约关系，这种特许是相对于一般许可而言。特许方允许被特许方或受让方有权在合同期间使用其经营方式。这是一种很好的融资方式。

刘皇叔的经历告诉了我们：信用是很重要的，好的信用可以带来资金，也是资本市场中能否顺畅运行的重要因素之一，因此企业要善于利用包括信用在内的无形资产。

典型**现代案例**

一、中国移动的话费优惠

预存电话费或者宽带费用已经是大家习以为常的事情了，但有没有人想过，实质上这种预存费用的行为也是通信运营商利用信用进行融资呢？

2002 年，中国移动通信公司广州分公司实行了一项话费优惠活动，实际上就是一种商业信用融资形式。具体是：若该公司的手机用户在 2002 年 12 月底前向该公司预存 2003 年全年话费 4 800 元，可以获赠价值 2 000 元的缴费卡；若预存 3 600 元，可以获赠 1 200 元缴费卡；若预存 1 200 元，可以获赠 600 元的缴费卡。

该通信公司通过这种诱人的话费优惠活动，令该公司的手机用户得到了实实在在的利益，当然更重要的是，还为该公司筹集到了巨额的资金。据保守估计，假设有一万个客户参与这项优惠活动，该公司至少可以筹资 2 000 万元，假设有 10 万个客户参与，则可以筹资 2 亿元，公司可以利用这笔资金去拓展新的业务，扩大经营规模。另外，该通信公司通过话费让利，稳定了老客户，吸引了一批新的手机用户，在与经营对手的竞争中赢得了先机。

与通信公司相类似，比如保健中心、美容店、汽车清洗店、公交汽车公司等服务行业，都可以通过预收服务费的方式，巧妙地运用商业信用融资方式，这不仅可以吸引一批长期稳定的客户，更重要的是，可以筹集到一笔可观的无息资金，企业可以通过这笔无息资金去扩大经营规模。企业在运用商业信用融资方式时，可以创新、变通的机会很多，商业信用融资给企业提供了一个巨大的融资空间，是衡量企业融资创新能力的一个大舞台。

二、可口可乐的特许权融资

巴菲特说："随着时间过去，能利用大量资金取得非常高的报酬率，才是最好的企业。"可口可乐公司正是这样。在如今的社会中，可口可乐公司的商标已经得到了世界上大多数人的认可，并且是世界上最有价值的特许权。

品牌已经成为现代企业竞争的重要砝码，只有形成品牌优势，企业才能在竞争激烈的商潮中站稳脚跟。品牌作为一种无形的资产，已完全可以用来融资。

据统计，每一天全球总共卖出 10 亿杯可口可乐，在品牌饮料市场上是绝对的霸主，但毕竟那也只是全球饮料市场的 2%而已。另外 470 亿杯的饮料不但包括了其他品牌的饮料，也包括了无品牌的饮料。可口可乐把那庞大的 470 亿杯饮料视为目标，称自己每天卖 10 亿杯的惊人成就为"刚刚起步"，它还想利用公司的品牌价值去获取更为广阔的市场空间。

可口可乐公司要拓展这个空间，也只有依靠无形资产来融资，运用特许权来获取更加广阔的市场。因为简单的有形资产运作，已不可能适应其宏大的国际市场。通过对国际市场的分析，可以看到，发展中国家具备了很好的销售市场和销售前景，只要抓住了这样的市场，就会获取一定的财务。在这些市场中，采取特许权融资的方式就会达到很好的融资目的。而巴菲特认为，正是由于可口可乐的品牌价值，它才有进行特许权融资的资格。因此，在 1988 年，当巴菲特看到可口可乐在全球的成长潜能和品牌威力时，才大笔买入股票。从某种程度上说，正是可口可乐的品牌引来了巴菲特的投资，再具体一些，也可以说是特许权融资引来了巴菲特。

除了吸引证券投资者之外，可口可乐还在其他竞争者减少宣传或者经济不景气期间利用广告攻势、利用特许权融资的模式，来不断扩大市场占有率。比如，在墨西哥经济不景气期间，可口可乐就是依靠特许权融资的模式增加广告攻势，以此来吞并竞争者的市场。在这种情况下，利用特许权融资配上强大的广告攻势，墨西哥市场就被占领了。当经济复苏时，其他公司采用相似的方式，来抢回自己失去的市场，已经是不可能了。

总的说来，可口可乐公司在挖掘品牌价值时，采取了特许权融资的模式，运用了强大的广告攻势，通过一系列举措，可口可乐才在市场竞争的浪潮中激流勇进。在无形资产融资这方面，可口可乐公司可以说是其他企业的典范。

3

借箭借风借荆州，善于借之手

　　至第三日四更时分，孔明密请鲁肃到船中。肃问曰："公召我来何意？"孔明曰："特请子敬同往取箭。"肃曰："何处去取？"孔明曰："子敬休问，前去便见。"遂命将二十只船，用长索相连，径望北岸进发。是夜大雾漫天，长江之中，雾气更甚，对面不相见。孔明促舟前进，果然是好大雾！

　　——典出《三国演义》第四十六回：用奇谋孔明借箭　献密计黄盖受刑

　　却说刘玄德自得荆州、南郡、襄阳，心中大喜，商议久远之计。……良曰："荆襄四面受敌之地，恐不可久守；可令公子刘琦于此养病，招谕旧人以守之，就表奏公子为荆州刺史，以安民心。然后南征武陵、长沙、桂阳、零陵四郡，积收钱粮，以为根本。此久远之计也。"玄德大喜，遂问："四郡当先取何郡？"良曰："湘江之西，零陵最近，可先取之；次取武陵。然后湘江之东取桂阳；长沙为后。"玄德遂用马良为从事，伊籍副之。……

　　——典出《三国演义》第五十二回：诸葛亮智辞鲁肃　赵子龙计取桂阳

纵读《三国演义》，制胜者另一个丰富多彩的谋略便是"借"。在这部艺术化的兵书之中，单借火的战役就有：陈宫濮阳烧曹军，曹操奇兵烧乌巢，孔明火烧博望和新野，周瑜、孔明火烧赤壁，陆逊火烧连营七百里，孔明火烧藤甲军……除此以外，借水、借东风、借大雾、借天气、借有利的地利，都被三国中的谋略家所用，变成借来制胜克敌的条件和力量，弥补了自己力量的不足，强化了自己的优势，突破了那个时代科学技术落后的局限。刘备更是"借"荆州，然后以荆州为跳板，进而获得益州等地，确定蜀汉政权，从而奠定了三国鼎立的格局。

现代的企业经营过程中，也应借鉴《三国演义》中的这些典故，善于用"借"的手段来为企业的发展创造条件。从企业筹集资金的角度看，一定的资金是企业家起飞的基点，是企业扩大经营的前提。若您的资金有限，那么不妨谋划筹借。银行信贷是借，租赁、承包本质上也是借。接下来具体说下主要的债权融资方式。

银行贷款

银行贷款是指银行以一定的利率将资金贷放给资金需要者，并约定期限归还的一种经济行为。

一、银行贷款注意事项

第一，要了解银行利率的变化

按照金融监管部门的规定，各家银行发放商业贷款时可以在一定范围内上浮或下调贷款利率，比如许多地方银行的贷款利率可以上浮30%。相对来说，国有商业银行的贷款利率要低一些，但手续要求比较严格，如果你的贷款手续完备，可以对各银行的贷款利率以及其他额外收费情况进行比较，从中选择一家成本低的银行办理。

第二，要选择合理的贷款期限

银行贷款一般分为短期贷款和中长期贷款，贷款期限越长利率越高。如果中小企业经营者资金使用需求的时间不是太长，应尽量选择短期贷款，比如原打算办理两年期贷款的可以一年一贷，这样可以节省利息支出。

第三，关注利率的走势情况

如果利率趋势走高，应抢在加息之前办理贷款，这样可以在当年内享受加息前的低利率；如果利率走势趋降，在资金需求不急的情况下则应暂缓办理贷款，等降息后再适时办理。

二、中小企业贷款技巧

目前，我国中小企业贷款困难已是一个不争的事实，而银行贷款是目前中小企业主要的融资渠道。要想在机会均等和其他条件相同的情况下，顺利地从银行获得贷款，贷款技巧便显得尤为重要。

第一，确定适宜的贷款额度

做任何事情都要把握一个"度"，超过了事物原有的"度"，事物就会发生质的变化，走向反面。中小企业向银行贷款也是如此，有些企业就是由于没有把握好贷款融资的"度"，而最终走向了失败。所以，中小企业在向银行申请贷款之前，首先要眼睛向内，对自己有一个清醒的认识，要知道自己到底缺少什么。因为一个企业发展遇到困难的时候，资金缺乏往往只是原因之一，可能还存在更深层次的问题，比如项目本身不具备发展的潜力、经营管理存在缺陷、资金严重浪费、销售渠道不畅等。如果企业没有认识到这些问题，只是一味地向银行贷款融资，难免会造成资金浪费。

所以中小企业在向银行申请贷款时，要合理地确定贷款规模，把握好"度"字，防止贷款过多，造成资金浪费，增加融资成本；或者可能导致企业负债过多，使其无法承受，偿还困难，增加经营风险。明智的做法是，中小企业在申请贷款前要先测算赢利点和还款能力，若是 50 万元的资本金则不要提出 200 万元的借款要求。借款期限也要实事求是，一年能还的钱，不要打包票"六个月就够了"。另外，有限的资金应集中做好主业，不要遍地撒种、全面开花结果，防止欲速则不达，适得其反。

第二，提供真实可信的报表资料

银行普遍相信大企业，而小企业只能靠具体的事实让银行信服，这就需要多付出成本才能做到。这就好比在乡下的肉摊上，当地富裕的头面人物不带钱照样能在摊上拿到肉，而经济不宽裕的小户人家是赊不到肉的；如果小户人家每次都带现钱买肉，个别时候赊了肉，也及时还了钱，在肉摊上也就有信誉了。

小企业与小户人家的处境是一样的，需要自己树立信用。这就要求中小企业在向银行申请贷款时应该向银行提供真实可信的报表、资料，不要有半点虚假和掩盖。如果银行经过调查以后发现企业提供的报表、资料等情况不真实时，一般就会认为该企业的信用不好，不仅会使本次贷款难以满足，更为要命的是还会影响到企业以后的贷款。退一步说，如果企业提供了真实可信的报表资料，即使某个条件不具备，本次贷款不成功，但是只要态度诚恳，是不会影响到以后的贷款的。

中小企业必须明白，在创业初期，其经营目的不仅是赢利，还要树立企业"守信用"的形象，做到"宁愿少赚点钱，也不可失信于人"，重视从一点一滴的信用积累。因为守信能提高企业的融资能力和融资效率，会给企业带来意想不到的财富，会使企业时来运转，左右逢源；失信则会使企业到处碰壁，经营困难。

第三，具备良好的心态

一般来讲，中小企业在贷款融资后，容易产生两种极端的心态。一种心态是，向银行贷款以后，"借鸡生蛋"赚了很多钱，这时，对偿还债务的事不屑一顾，甚至忘记了身上的债务，觉得背这么一点债务，随时能够还得起，并不急于偿还，将赚来的钱或者用于扩大投资规模，或者用于多元化投资。可是"好花不常开，好景不长在"，随着时间推移，形势急转直下，企业经营出现了滑坡，资金日渐枯竭，债务已无法偿还，结果，后悔有钱时为什么不把银行的贷款给还了。所以，中小企业切忌"见利忘险"，只要一日有债务，就要谨记债务到期偿还的风险，合理做好资金计划，当企业赢利丰富的时候，切记在第一时间内尽量降低企业负债率，及时偿还银行贷款。

另一种相反的心态是，贷款融资后，背负较大的压力，由于沉重的债务，改变了原有的正常经营心态，变得过于小心，畏畏缩缩，似乎被债务绑住了手脚，给别人一种缺乏自信心的形象，从而影响了正常经营活动，使企业失去了以往的激情和活力。充分认识企业的债务承受能力，做好贷款融资计划是克服以上两种极端心态的关键，贷款融资前要做到心中有数，对以后可能发生的不同情况，要有相应的对策和办法，这样才能有利于企业在融资后保持良好的融资心态，促进企业的生产和经营过程。

第四，多使用票据融资

票据贴现融资是指票据持有人将商业票据转让给银行，取得扣除贴现利息后的资金。这种融资方式的好处之一是银行不按照企业的资产规模来放款，而是依据市场情况来贷款，比如销售合同。企业收到票据至票据到期兑现之日，往往是少则几十天，多则六个月时间，资金在这段时间处于闲置状态。企业如果能充分利用票据贴现融资，远比申请贷款手续简便，票据承兑和贴现只需带上相应的票据到银行办理有关手续即可，一般在三个营业日内就能办妥，而且融资成本很低，与取得等额银行贷款相比，其财务费用要节省 40%~60%。

在目前国有商业银行收缩机构、实行集约化经营的情况下，票据承兑和贴现已成为金融业支持县城中小企业的重要融资渠道。对于中小企业来说，票据融资是"用明天的钱赚后天的钱"，这种融资方式值得中小企业广泛、积极地利用。

第五，巧借银行的钱，赚取银行信任

作为中小企业，要主动与银行建立联系，目前虽然由于各种因素的制约，中小企业向银行申请贷款难度较大，但是中小企业的经营者必须明白贷款再难也要努力地锲而不舍地去争取。哪怕刚开始向银行贷款八万、十万的小数额，一旦贷款成功，你的企业就具备了银行的信用记录，也就成功登上了向银行贷更多资金的第一个台阶。

债券融资

债券是证券的一种形式，债券融资在几年的经济发展中显示了强大的优势。

一、债券发行价格的确定

债券发行价格是指发行企业或其承销机构发行债券时所采用的价格，也就是债券原始投资者购入债券时应支付的市场价格。发行价格与债券的面值可以一致，也可以不一致。企业在发行债券之前，应考察各方因素，并运用科学方法，来确定债券的发行价格。

第一，影响债券发行价格的因素

企业债券发行价格的高低，主要受以下四个因素的影响。

1. 债券票面金额

债券票面金额是决定债券发行价格的基本因素。一般来讲，债券票面金额越大，发行价格越高。债券发行价格的高低，从根本上取决于债券面额的大小。

2. 票面利率

票面利率是指债券票面上事先确定的名义利率。

3. 市场利率

市场利率是指债券发行时资金市场上的实际利率。一般来说，债券票面利率与市场利率成正比关系。债券票面利率越接近于市场利率时，债券的发行价格越接近于债券面额；债券的票面利率大于市场利率时，则债券的发行价格大于债券面额；债券的票面利率小于市场利率时，则债券的发行价格就小于债券面额。

4. 债券期限

通常情况下，债券期限越长，债权人的风险越大，要求的利息报酬就越高，其发行价格就可能越低；反之，债券期限越短，债权人的风险越小，要求的利息越低。

第二，确定债券发行价格的方法

债券通常只有三种发行价格，分别为等价、溢价和折价，具体来说：①等价又叫平价，是指以债券的票面金额作为发行价格，多数企业债券采用等价发行；②溢价是指以高于债券面额的价格发行债券；③折价是指以低于债券面额的价格来发行企业的债券。溢价或折价发行债券，主要是由于债券的票面利率与市场利率不一致造成的。

债券的票面利率是在债券发行前参照市场利率确定的，并标于债券票面，不易变更，而市场利率经常发生变动，因此在债券发售时，如果票面利率与市场利率不一致，就需要调整发行价格，以调节债券购销双方的利益。

二、债券发行数量及发行时机的确定

第一，债券发行数量

企业要想进行债券融资，就必须对债券发行的数量作出科学的决策，否则，债券发行过多，就会造成资金过剩，增加企业的利息支出，加重债务负担，影响到资金运用效果；如果发行数量太少，筹集的资金不足，就达不到发行的目的，影响企业的生产经营。因此，科学确定债券的发行数量，是企业发行债券的重要环节。那么如何确定发行债券的数量呢？对此作为债券融资方式来讲，关键应做好以下两个方面的工作。

1. 比较各种融资模式的资金成本和方便程度

企业融资的模式是各种各样的，而且每种融资模式都有自己的优缺点，因此企业在融资模式的选择上应采用经济、操作方便的标准，才能达到融资的目的。如果你认为发行债券是最好的一种模式，发行债券的合理数量就是企业资金的合理需要量或某一个项目的资金需要量。如果你选择了一个最佳方案，而所筹集的资金不能满足企业所需要的资金，那么在发行债券时，债券的合理发行量就是企业资金需要量减去这个最佳方案提供的资金数额之差。

2. 确定债券发行量要考虑企业的偿还能力，考虑通货膨胀抵消的资金数额

表示企业偿还能力的指数，叫做负债界点。负债界点既反映了企业偿债能力，又反映了企业支付利息的情况。负债界点的计算公式是：负债界点＝销售收入×负债界点比率。

第二，抓住发行时机

债券发行虽然有自由、灵活的优点，但是若有不慎就会给企业带来极大的风险。因此，科学地决策债券发行的时机，便成为企业发行债券的一大难题。一般来说，企业在以下几种情况下发行债券比较好。

1. 企业负债率低

一般来说，企业负债总额不可超过企业实有资产净值的一定限额，如果超过

这个限额，企业对外借债必然会发生财务危机，引起债权人抗议。因此，企业只有在负债率低的情况下，才有条件发行企业债券；其他情况下，一般不可进行债券融资。

2. 预测收益好

企业在发行债券时应先进行经济效果的预测。如果预测的结果为融资后经营利润大于债券利息，而且收益潜力巨大，发行债券则为适当。反之，如果资金使用效益评估信心不大，债券融资后生产经营取得的净利润与债券利息相比相差无几，那么发行债券就得不偿失了。

3. 预测物价上升

物价上涨必然严重影响到货币的购买力，所以，如果企业能够预测到物价连续上涨，对其发行债券是非常有利的。因为在发行债券时，物价若一直上涨货币购买力就会一直呈降低趋势，债券到期偿还本金的金额，实际价值比发行时已大为降低，但是企业运用发行债券资金购置的资产价值，却不会因为货币贬值而降低。

三、债券发行成本分析

债券发行成本的含义有狭义和广义之分。

第一，广义的债券发行成本

广义的债券发行成本是指融资者为了筹集一定的资金所支付的包括支付债券利率和为使债券到达投资者手中所发生的费用。

第二，狭义的发行成本

狭义的发行成本是指除债券票面利率以外的各项费用。

那么在这里，我们主要讨论狭义的发行成本范围，其具体包括：①发行价格与票面面额的差价；②发行与回收债券手续费、印刷费、宣传广告费、担保费；③其他必须支出的费用。

对狭义的发行成本分析如下：

1. 发行价格与票面面额

债券的发行方式有三种，即平价发行、溢价发行和折价发行这三种。这三种发行方式的成本是不同的，折价发行低于票面金额的部分构成了发行成本；溢价发行高出票面金额部分降低了发行成本。如果债券平价发行，则不考虑发行成本这个因素，因此，目前我国一般是平价发行。

2. 债券印制费

所谓债券印制费是指印制债券书面凭证的费用。债券印制费的高低与债券印制质量的好坏有关。债券印制费包括债券设计费、制版费、纸张费、油墨费等。在债券面额种类一定的情况下，印制费用与印制数量有关，印制数量越多费用越高，但分摊在每一债券上的费用则越低。面额数量一定的情况下，债券版面的大小与印制费用有关，版面越大费用越高。在面额、数量、版面一定的情况下，纸张质量与印制费用有关，质量高费用高，反之，则低。

3. 承购包销及代理手续费

所谓承购包销及代理手续是指发行人支付给承销机构的发行费用。发行债券手续费是由发行者按发行债券的总金额的一定比例支付给债券发行的金融机构。手续费的多少与债券发行方式有关，一般情况下受托单位的发行责任越大，手续费就越高。

4. 宣传广告费

广告费的多少与企业知名度宣传的形式、范围和债券发行额的大小有关。一般来说，企业知名度低，这类广告费就高；广告范围大，债券发行额大，企业的宣传广告费用支出就大。

5. 律师费

发行债券会受到国家有关法律法规的限定，因此发行人在发行过程中必须聘用律师处理有关的法律问题，所以要支付一定的费用。律师费用高低与所聘律师的社会知名度、能力有关，也与发行人的企业规模、社会影响和发行数额有关。

6. 担保费用

如果企业采用其他经济实体担保发行的方式来发行债券，那么，由于担保企业承担了发行债券企业到期无力归还时由其偿还的责任，因此发行债券的企业就需要根据担保额支付一定比例的担保费用。

7. 资信评级费用

所谓资信评级费用就是发行人为发行债券而进行评级的费用。资信评级费用一般以发行次数计费，所以通常与发行金额无关。

8. 其他费用

企业发行债券的其他费用是指发行企业还要支付的其他一些费用，诸如发行债券工作人员工资支出，办公场所费用，为确保债券的顺利发行而附加的各种优惠条件，如提供优惠价的商品等都在此列。

四、债券融资的优劣分析

债券融资时企业有利也有弊，给企业带来发展条件和机遇的同时，也会给企业带来较高的经营风险。因此，企业在进行债券融资时，应分析其优缺点，以便作出适当的选择。

第一，优点

一般来说，债券融资模式在其运作中会有以下几个方面的优点：①融资成本较低。发行债券融资的成本要比股票融资的成本低。这是因为债券发行费用较低，其利息允许在所得税前支付，可以享受扣减所得税的优惠，所以企业实际上负担的债券成本一般低于股票成本。②一般来说，债券持有人无权干涉企业的管理事务，因此，发行企业债券不会像增发股票那样可能会分散股东对企业的控制权。③发挥财务杠杆作用。不论企业经营状况如何，债券持有人只收取固定有限的利息，而更多的收益可用于分配给股东，扩充实力，或留归企业以扩大经营。④有利于调整资本结构，在债券融资模式中，企业通过发行可转换债券，或在发行债券时按规定可提前赎回债券，从而会有利于企业主动地、合理地调整和优化资本结构，确定负债与资本的有效比例。

第二，缺点

债券融资模式的缺点主要表现在以下几个方面：①限制条件。通常情况下，发行债券的限制条件一般比长期借款、租赁融资的限制条件要多而且严格，从而限制了企业对债券融资模式的使用范围，有时还会严重地影响到企业在日后的融资能力。②融资数量有限。一般来说，企业在利用债券进行融资时会有一定的限度。当企业的负债比率超过了一定程度后，债券融资的成本会迅速上升，可能导致无人购买，而且国家的有关法规对企业的债券融资额也有限制。如我国公司法规定，发行公司流通在外的债券累计总额不得超过公司净资产的 40%。③融资风险较高。债券有固定的期限，并定期支付利息。利用债券融资，要承担还本及付息的义务。在企业经营不景气时，向债券持有人还本及付息无异于釜底抽薪，会给企业带来更大的困难，甚至会导致企业出现破产的严重现象。

金融租赁融资

融资租赁指实质上转移与资产所有权有关的全部或绝大部分风险和报酬的租赁。资产的所有权最终可以转移，也可以不转移。融资租赁和传统租赁的一个本质区别就是传统租赁以承租人租赁使用物件的时间来计算租金，而融资租赁以承租人占用融资成本的时间来计算租金。

融资租赁的主要特点是：由于租赁物件的所有权只是出租人为了控制承租人偿还租金的风险而采取的一种形式所有权，在合同结束时最终有可能转移给承租人，因此租赁物件的购买由承租人选择，维修保养也由承租人负责，出租人只提供金融服务。租金计算原则是：出租人以租赁物件的利率计算租金。它实质是依附于传统租赁上的金融交易，是一种特殊的金融工具。它和贸易结合起来，因此必须是两个合同三方当事人才能完成整个交易。这也是融资租赁不同于分期付款和举债信用（只涉及一般性双方关系）的一个重要区别。

融资租赁是市场经济发展到一定阶段而产生的一种适应性较强的融资方式，是集融资与融物、贸易与技术更新于一体的新型金融产业。设备落后、技术水平低下是中小企业存在的普遍现象。面对日益激烈的市场竞争，对其进行更新和改造刻不容缓。这无疑需要大笔资金，以中小企业目前的经济地位，完全依靠银行信贷或上市融资，既不可能，也不现实。在这种情形之下，简便快捷、信用要求较低的融资租赁不失为解决这一难题的有效补充方式。

一、办理融资租赁业务的程序

第一，选定租赁公司

中小企业决定采用租赁方式筹取某项设备时，首先需要取得租赁公司的融资条件和租赁费等资料，并加以比较，从而择优选定。

第二，办理租赁委托和资信审查

企业选定租赁公司后，便可向其提出申请，办理委托。

第三，选择设备

选择设备的方法有：由企业委托租赁公司选择设备，商定价格；由企业先同设备供应商签订购买合同，然后将合同转给租赁公司，由租赁公司付款；经租赁公司指定，由企业代其订购设备，代其付款，并由租赁公司偿付贷款；由租赁公司和承租企业协商洽购设备等。

第四，签订购货协议

购货合同应由承租人、出租人和供应商三者签订。委托租赁的情况下，由租赁公司向制造厂商订购，并签订订货合同，同时由承租人副签。

第五，签订租赁合同

租赁合同由承租企业与租赁公司签订，是租赁业务的重要法律文件。租赁融资合同的内容可分为一般条款和特殊条款两部分。

第六，申办融资租赁合同公证

融资租赁可申办融资合同公证。融资租赁合同公证由当事人约定地或合同签订地的公证处管辖。当事人申办融资租赁合同公证应当填写公证申请表，并提交相关材料。

第七，租赁物件交货

制造厂商将租赁公司订购的设备到期直接拨交给承租人，并同时通知租赁公司。

第八，办理验货与投保

承租人收到制造厂商交来的设备后，即进行安装并运转试验。租赁公司根据验收情况向厂商支付设备价款，并开始计算租赁日期，计收租赁费用。同时租赁公司根据租赁物件的价值向保险公司投保，签订保险合同，并支付保险费。

第九，支付租金

承租企业按合同规定的租金数额、支付方式，向租赁公司分期交纳租金。租金根据租赁对象的不同以及双方承担的义务和费用情况来确定。

第十，维修保养

承租人可与供应租赁物件的制造厂商或其他有关供货人签订维修保养合同，并支付有关费用。

第十一，税金缴纳

租赁公司与承租人根据租赁合同的规定，各自向税务机构缴纳应负担的税收。

第十二，租赁期满处理设备

融资租赁合同期满时，承租企业应按照租赁合同的规定，实行退租、续租或留购。在融资租赁中，租赁期满的设备一般以象征价格（一般是残值价）卖给承租企业或无偿转给承租企业，也可以以低廉租金续租。

二、融资租赁中的项目评估

融资租赁如同投资一样，需要考虑效益和风险。为了取得利益，降低风险可能带来的损失，出租人和承租人都要对项目整体的现状和未来进行全方位、多层次、多变量的科学评估。

第一，项目评估的主要步骤

1. 双向选择合作伙伴

在租赁项目立项初期，企业应与多家租赁公司联系，了解租金条件和费用，选择成本低、服务好、资信可靠的公司做合作伙伴。租赁公司则应选择经济实力强、资信好、债务负担轻、有营销能力和还款能力的企业做合作伙伴。

2. 项目初评

租赁公司根据企业提供的立项报告、项目建议书及其他相关资料，通过当面洽谈，摸清项目的基本情况，将调查数据与同类项目的经验数据比较，进行简便估算，结合一般的感性认识对项目进行初评。若租赁公司认为项目可行，企业就可以进一步编制可行性报告，办理项目审批手续。

3. 实地考察

租赁项目通过初评后，租赁公司必须派人深入企业进行实地考察，全面了解企业的经营能力、生产能力及其相应的技术水平和管理水平以及市场发展动态信息，了解项目所在地的工作环境、社会环境、财务状况，重要情况必须取得第一手资料。企业为了项目能获得通过后的顺利运转，应给予真实的材料和积极的配合。

4. 项目审批

租赁公司的项目审查部门将企业的实地考察报告和企业立项的可行性报告相结合，从动态和静态、定性和定量、经济和非经济等多方面因素进行综合分析，全面评价项目的风险和可行性，决定项目的取舍，并确定企业的风险利差。如果项目可行，风险在合理可控的范围内，即可编制项目评估报告，办理内部立项审批手续。

5. 合同签约

项目被批准后，租赁公司接受企业的租赁项目委托，就可办理租赁物件购置手续，签订购货合同和租赁合同。签约后项目评估的结论可为项目的优化管理提供科学依据。

6. 项目后管理

项目后管理对于确保租金安全回收起着重要作用。在租赁项目执行过程中，承租人应经常将实际经验状况与可行性报告进行比较，随时调整经验策略，力求达到预期的经营目标。出租人则应经常将承租人的经营状况与评估报告的主要内容进行比较，发现问题后及时采取措施，保证租金回收的安全运作。

第二，项目评估的主要内容

由于企业的财务分析和国民经济分析在规范的可行性报告中已说明，因此项目评估的主要内容应是：评定风险、核实数据来源、落实未确定因素和判定企业信用等级。

1. 评定风险

租赁回收的好坏主要是看企业的偿还能力。对于出租人来说，最大的风险就是企业没能力偿还租金。影响租金回收的风险很多，除了偿还能力风险外，还有债务风险、利率和汇率风险、经营风险，市场变化、环境污染、政策调整、产业结构匹配以及其他不可预测等因素都会增加项目的风险，这些都应在调查研究的基础上进行综合分析。

2. 经济担保

承租企业的风险等级与经济担保能力是密切相关的。一般认为，按照风险程度进行排列，出租人所能接受的担保种类有银行担保、房地产抵押担保、有价证券抵押担保、大型企业担保。

3. 核实数据

各种经济数据是项目评估的基础和依据，因此核实数据来源的可靠性和权威性是项目评估的重要环节，要着重核算租赁项目占投资总额的比例、企业资信能力等数据。

4. 查找、转换不确定因素

在尚未成熟的市场环境中，许多不确定因素增加了项目评估的难度和工作量。项目调研时，要充分寻找这些不确定因素，采取一些措施找出不确定因素的规律和变化趋势；对一些不落实或口头答应的事，以签订承诺书、意向书以及其他方式将部分不确定因素转化为确定因素。

5. 判定信用等级

对企业信用施行等级制是整个融资租赁业务活动的分界点。租赁公司对企业的信用判定，就是对项目风险的判定。通过项目评估，判定出企业信用等级，根据等级的高低，决定项目的取舍和租赁利差的幅度。

目前我国的各种市场发育很不成熟，市场机制尚未健全，项目的不确定因素多，评估分析重点应放在定性分析上。分析的主要内容应结合我国的特点，了解当地投资的软硬环境，查看项目是否属于国家鼓励的重点发展领域；产业结构的区域性特点；企业现有人员对新上项目产品的了解程度和技术水平；租赁项目不能脱离企业经营本行；租赁合同的担保、配套资金的贷款状况、能源的增容，原材料供应和产品销售市场的可靠程度；大的项目因涉及面广，应得到政府的支持；

若租赁物件供货商由企业指定，租赁公司还应对供货商的资信进行调查。融资租赁的项目评估，涉及许多专业领域、科学和部门，因此审查部门的人员结构应适应科学评估的需要。有些技术问题需向有关部门专家进行咨询；某些经济问题需要求助咨询公司了解；大型繁杂数据处理需要借助计算机帮助计算，辅助分析。实行专家咨询、技术论证与公司的科学管理相结合，使项目在不受人为因素的感染下，客观地进行，以保证评估结果的科学性。

火烧赤壁告诉了我们：借力制胜是种有效手段，因此，企业要善于借钱来融资，从而以小博大，充分使用财务杠杆。

典型现代案例

一、无形资产担保贷款的诚信金得利

福建省金得利集团有限公司创立于 1992 年 8 月 28 日，是一家专业生产首饰模具、珠宝首饰、流行饰品、精密仪器的现代企业集团。在 2002 年 10 月底举行的福建省"银企资金供需洽谈会"上，福建省金得利集团作为一家私营企业，董事长林永霖用自己长期建立的个人和企业的诚信及企业获得的"中国驰名商标"做担保，向中信实业银行福州分行贷款 5 000 万元。利用这批贷款金得利向欧美等地拓展市场，马上投资建立一家工艺品分公司，从欧洲引进了一批当今最现代的设备，使企业实现了跨越式的大发展，现已成为一家集科、工、贸于一体的民营企业，现有员工近 1 600 人，400 多个经销点，产品远销欧、美等 40 多个国家和地区。

下面，具体看下金得利是如何巧妙地进行贷款融资从而获得发展资金的。

从几千元起家，金得利最早靠民间借贷走过了 10 年的路程，到企业拥有一定基础的时候，林永霖还要继续把企业做大，要走进国际市场，这是金得利的第二个发展阶段。但民营企业的通病是二次发展都会遇到资金瓶颈，金得利也一样，

这成为公司在发展到一定规模后却一直裹足不前的原因。作为一家固定资产在四千万左右的中小民营企业，金得利在向银行融资的环节上不可避免地遇到了障碍。许多银行对企业的做法多是"晴天送伞，雨天收伞"。在"晴天"时"送伞"对企业并无多大的现实意义，而"雨天"则不一样，企业往往可能因为几十万元的资金缺口，就引起连锁反应而导致垮台。

对于银行"惜贷"的问题，金融界的一致观点是一些社会性的因素，如直接融资市场不成熟、社会配套设施不齐全、投资机制不成熟、破产机制不健全，整个社会的信用环境不理想、企业的诚信不足等因素，束缚了银行对企业放贷的手脚。尤其对于中小企业，由于企业规模小，风险大，企业的诚信因素就成为银行考虑的一个重要问题。而与此同时，银行也在政策范围和风险掌控能力以内，积极探索信贷创新的途径，了解企业的需求，设计新的信贷产品。依据《中华人民共和国担保法》（以下简称《担保法》）规定，依法可以转让的商标专用权、专利权、著作权中的财产权等无形资产都可以作为贷款质押物。中信实业银行福州分行正是看到了金得利集团的诚信和这一驰名商标的无形价值，才有了之前说的贷款项目。这也是首例"以诚信和商标专用权作为担保的贷款"。

具体来看，金得利集团经过近10年的发展，其品牌价值不断提升，其国内市场占有率在20%左右，并获得了"中国驰名商标"的称号，北京的一家权威评估机构的评估报告中表明其商标品牌价值在10亿元左右。同时，金得利集团在与中信银行的合作中始终保持了良好的还款记录和信用度。从银行角度来看，中信银行利用其从美国麦肯锡公司引进的评估方法和技术对金得利集团经营理念、企业文化、经营网络、纳税记录、还款记录等方面综合评估后，最后得出金得利有很高的信用度可以给予贷款，最终决定以无形资产担保给予金得利集团5 000万元贷款。利用这笔贷款，金得利集团得以迅速扩大市场并向欧美进军，逐渐发展到了今天的水平。

二、中国移动的债券融资秘籍

中国移动自成立以来，在不到两年的时间里便轰动海内外资本市场，这其中最大的功臣便是其全资子公司中国移动（香港）有限公司。

在中国移动（香港）公司成立后，经过在国际资本市场上近 3 年的资本运营逐渐实现了所有资产的分步注册上市的目标。而且还先后 3 次增发股票和债券，从国际市场上融到大约 68 亿美元的巨额资金，为母公司中国移动筹集了大量资金，促进了企业机制的运转速度，提高了企业经营管理水平。此时的中国移动（香港）有限公司，为广东、浙江、江苏、福建、河南、海南 6 省提供移动通信服务，用户总数约 2 390 万户，约占全国移动用户总数的 34%，既是当时香港最大市值的上市公司之一、全球第三大移动通信上市公司，又是进军国际资本市场最成功的中国企业之一，在国际上具有较高的知名度。这些成功的业绩，为中国移动（香港）公司的资本运营带来了有利的条件，并且在客观上已经为其债券融资的运作策略打下了坚实的基础。

2001 年经国家计委批准，中国移动（香港）有限公司（担保人，"中国移动（香港）"）的全资运营子公司广东移动通信有限责任公司（发行人，"广东移动"）按债券面值平价公开发行于 2011 年到期的 10 年期总额为 50 亿元人民币的有担保的浮动利率企业债券，债券名称为"2001 年中国移动通信企业债券"。

关于此次发债，在许多非金融人士看来，只有发展不良的企业才去借债。中国移动发展势头如此迅猛，拥有八千多万的黄金用户，可谓日进斗金，为何要主动"背债"呢？金融专家对此的解释是，这是一种高明的资本运作手段。中国移动（香港）发行本次债券主要有两个目的：首先是有助于优化融资结构，降低资金成本及规避风险；其次，中国移动（香港）作为一家海外上市公司进入内地资本市场，可以借此拓宽融资渠道，发展投资者群体。此次筹集的 50 亿元人民币是用于偿还中国移动（香港）在 2000 年 11 月收购北京、上海、天津、河北、辽宁、山东和广西移动通信公司的股权时，于当年 12 月通过其全资子公司中国移动（深圳）有限公司向过桥银团举借的 125 亿元人民币的贷款的部分款项。

那么投资界为何看好此次中国移动的企业债券呢？首先是中国移动（香港）是亚洲最大的上市公司之一。中国移动具备领先的市场地位和明显的竞争优势。在网络覆盖、网络容量、网络质量、人才、产品品牌、销售网络和技术产品开发能力上均优于同业伙伴，公司在运营商中具有明显的竞争优势。其次，中国移动财务表现优异，未来现金流强劲，具有很强的担保能力。有关压力测试显示，在竞争加剧、财务恶化的情况下，担保人仍然有偿债现金流。发行人广东移动财务状况稳定，未来现金流充足，本期债券的偿付有充分可靠的保障。再次，与国内主要债券发行人比较，中国移动有着更为完善的治理结构、更高的盈利能力、更稳健的财务表现和更强的偿债能力。

中国移动此次发行的企业债券，利息要远低于银行贷款 5.2% 的年息，还本付息方式为每年付息一次，最后一期利息随本金一同支付，将还债时间推迟 10 年，还可每年净赚利息差 6 000 万元。此外，中国移动还可借此举拓宽融资渠道，发展投资群体。中国移动也因此走到了其他电信运营公司的前面。

三、"东资西调"——长运股份租来 20 条船

2003 年，重庆长江水运股份有限公司（以下简称"长运股份"）船队中增加 20 条船，总价值 1 亿元人民币。但是，这 1 亿元却不是长运股份以自有资金购买支付的，此次置入设备既未经证券市场筹资，也没有向银行申请贷款，更不是靠供应商信用，而是通过创新租赁的方式从租赁公司那里"融"来的。其所使用的是融资租赁这一融资手段，买单者则是千里之外的上海金海岸企业发展股份有限公司。我国上市公司运用创新租赁进行大规模经营性融资的首个案例在此诞生。

2002 年 4、5 月间，长运股份开始与上海金海岸企业发展股份有限公司接洽融资租赁事宜。双方于 7 月 11 日正式签订创新租赁合同。

此份合同规定，金海岸公司根据长运股份用船要求，以租赁为目的，购买 20 艘船舶租赁给长运股份，并在合同履行完毕日将竹林船舶所有权转让给长运股份。租赁期限为 5 年，起租日设定为 2003 年 1 月 20 日，具体每艘船以国家船检部门验收合格之日为起租日，每艘船的租赁期仍为 5 年。以概算成本计算的租金总额为 116 729 167 元。经过计算，采用租赁方式取得 20 条船的经营权，利率比银行同期贷款高了两个多百分点。

更具有吸引力的是，通过租赁方式，长运股份还可以降低经营风险。因为根

据租赁合同，这20条船在租赁期间虽然所有权并不归长运股份，但运营权却在长运手中，长运可以一边运营产生收入，一边用赚来的钱支付租金。如果经营效果不尽如人意，船舶可以由出租方金海岸公司收回，避免了资产积压。

据专家介绍，这20条船大约可以提供2 500个标准集装箱位，目前整个重庆地区的集装箱运力不过6 000~7 000箱，每年的需求增长在30%以上，如果这20条船全部投入运输，每年产生的效益可以达到3 000万元以上，而平均每年的租金只有2 000万元出头。租期满了之后，公司只需支付象征性的费用就可以获得船只的所有权。在此之前，上市公司中还从未有出现过如此巨额的租赁项目，许多习惯了从资本市场直接融资或者从银行贷款的上市公司似乎从未体会到缺钱的难处，租赁被他们认为是费时费力的"下策"。

租赁属于间接融资，上市公司虽然具有直接融资的天然优势，但也应该善于使用间接融资。特别是像船只这样适合租赁的设备，租赁的风险较小，资金占用少，比起其他融资方式来更具优势。尤其在增发新股门槛提高、上市公司再融资难度加大的背景下，租赁不失为上市公司融资的一条好渠道。

4

卧龙凤雏价值高，科技来融资

　　《三国演义》中，作者调动一切艺术手段反复渲染"得人者昌，失人者亡"这一思想。而周瑜、诸葛亮等人在三国的历史演进中确实发挥了重要的作用。可以说，从古至今，人才的地位都是重要的，这不仅表现在治国当中，在经济中同样如此。

　　投融资活动中，人才的重要不仅仅是体现在经验丰富的团队方面，还表现在优秀人才带来的高新技术方面。高新技术不仅仅是生产力与核心竞争力，更是融资的手段之一，尤其是针对那些规模较小的中小企业。在我国如今大力倡导自主创新的情况下，高新技术结合国家的支持政策来融资对于缺乏资金的中小企业来说不失为一条好的途径。

高新技术融资

高新技术融资，即用高新技术成果进行产业化融资的一种模式，是科技型中小企业可以采用的一种实用的融资模式。科技型中小企业具有建设所需资金少、建成周期短、决策机制灵活、管理成本低廉，能够适应市场多样化的需求等特点，特别是在创新机制和创新效率方面具有其他企业无法比拟的优势。近年来的发展表明，科技型中小企业无论是在数量上还是在质量上，都已经成为国民经济的重要组成部分，是国家经济发展新的重要的增长点。结合我国科技型中小企业发展的特点和资本市场的现状，建立以政府支持为主的科技型中小企业技术创新基金，是促进我国经济持续、稳定发展的一项重要措施。

科技型中小企业技术创新基金是经国务院批准设立，用于支持科技型中小企业技术创新的政府专项基金。该创新基金作为政府对科技型中小企业技术创新的资助手段，将以贷款贴息、无偿资助和资本金投入等方式，通过支持成果转化和技术创新，培育和扶持科技型中小企业。创新基金将重点支持产业化初期（种子期和初创期）、技术含量高、市场前景好、风险较大、商业性资金进入尚不具备条件、最需要由政府支持的科技型中小企业项目，并将为其进入产业化扩张和商业性资本的介入起到铺垫和引导的作用。因此，创新基金将以创新和产业化为宗旨，以市场为导向，上连"863"、"攻关"等国家指令性研究发展计划和科技人员的创新成果，下接"火炬"等高技术产业化指导性计划和商业性创业投资者，在促进科技成果产业化，培育和扶持科技型中小企业的同时，推动建立起符合市场经济客观规律、支持科技型中小企业技术创新的新型投资机制。

支持重点：创新基金遵循支持创新、鼓励创业、市场导向、突出重点、规范管理、竞争择优的原则，重点支持方向如下：①支持具有自主创新能力、技术含量高、竞争力强、市场前景好的研究开发项目，如软件、生物、医药等，努力培育具有自主知识产权的高新技术产业群。②支持科技成果的转化项目，特别是"863"计划、国家科技攻关计划的产业化项目。③支持利用高新技术改造传统产业，特别是我国具有传统优势、加入世界贸易组织后能带来更多市场机遇的项目。④支持具有一定技术含量，在国际市场有较强竞争力，以出口为导向的项目。⑤支持科研院所的转制，特别是原国务院各部门的研究院转制为企业的项目。⑥支持科技人员，特别是海外留学人员回国创办科技型中小企业的项目。

中小企业申请科技型中小企业创新基金一般要经过以下几个步骤：

1. 确认资格

中小企业在申请创新基金时，应该根据创新基金的规定，确认企业的自身条件和申报项目的资格，然后再决定是否申请。这样有利于提高申请的成功率，降低企业风险。

2. 确定支持方式

创新基金有贷款贴息、无偿资助和资本金注入三种方式。企业应根据其发展阶段和项目的具体情况选择相应的支持方式。

3. 科技型中小企业创新基金准备材料

科技型中小企业技术创新基金申请材料可以通过创新基金站点浏览，同时可以到各省、自治区、直辖市、计划单列市、副省级城市科技主管部门、各国家高新技术产业开发区管理委员会，或直接向创新基金管理中心指定的申报材料发行机构购买。

企业与项目应按照创新基金申请须知的要求准备材料，包括申请书、可行性研究报告、专家对可行性研究报告的论证意见与名单，并按要求录制软盘；然后把这些材料送交推荐单位，由推荐单位填写推荐意见（包括书面意见与软盘）；最后按要求装订成册，邮寄到创新基金管理中心。创新基金管理中心受理项目申请，根据项目寄出的邮戳日期计算受理时间。创新基金管理中心不接受企业或推荐单位来人报送的材料。根据规定，对于来人报送的项目，将在项目评审（或评估）

时采取减分等措施。

4. 合同办理

创新基金管理中心将整理立项项目数据库，同时根据企业申报项目软盘中的数据，生成"科技型中小企业技术创新基金无偿资助、贷款贴息项目合同"，并用快件寄给企业。从立项公布至寄出合同这一过程约需五个星期。企业将四套合同由单位负责人签字并盖上单位公章后，寄回创新基金管理中心计财部。创新基金管理中心收到企业盖章合同，核查无误后，创新基金管理中心将在合同上盖章，并将一份正式生效合同寄给企业。项目被批准立项后，管理中心还将对基金项目的执行过程进行监督管理，如发现企业有严重违约行为，管理中心将依据项目合同书的有关条款撤销或中止合同。

典型现代案例

创新取胜的武汉联合药业有限责任公司

武汉联合药业有限责任公司是 1998 年由原武汉第九制药厂重组改制后成立的一家科技型企业，作为生物医药的一支新军，其在艰苦的创业过程中深刻体会到了创新与创新能力在企业发展中举足轻重的作用。以组织实施国家科技型中小企业创新基金项目为契机，通过转变机制，整合内外资源，不断提升企业的主体创新能力，它仅用半年多的时间，就取得国家颁发的新药证书和生产批件，使项目顺利投产，如期完成各项指标，并通过了国家验收。在短短不到 5 年的时间里，它除了将中药二类新药生血宁片批量生产并投放市场外，又陆续研发了一个中药二类新药痉痛定胶囊、两个三类新药，为企业的持续发展奠定了坚实的基础。

这一切最主要的原因就是武汉联合药业申请创新基金项目，进行资源整合，实现了技术创新。

1999 年年底，武汉联合药业有限责任公司申请获得了国家 90 万元创新基金和武汉市 30 万元匹配资金的资助。创新基金项目的申请和实施，对加速科技成果转化，提高企业的创新能力和产品竞争能力，起到了积极的促进作用。生物医药与其他新兴的高新技术一样具有技术更新快、产品生命周期短等特点。在激烈的市场竞争环境下，靠引进单一品种想要保持 10 年的长盛不衰是不切实际的。如果企业不具备自身的创新能力，只有依靠不断引进才能维持市场地位。但实际上，以这种模式在生物医药领域成功的企业很少。因此，联合药业在实施创新基金项目过程中，严格按照项目实施的要求，积极推行现代企业管理制度和市场化运作机制，不断探索，在管理体制和机制创新方面取得了一些突破，并收到了很好的效果。

2002 年年初开始，公司进一步深化改革，在企业研发中心的基础上，新建了股份制的科技开发公司。在资本金构成中，联合药业只投入了 27%，其他股份都是由项目团队成员个人出资和前期科研成果入股，从而使项目股份制这种内部管理机制变成具有法律地位的企业股份制。这种科研成果的利益分配，由过去公司内部制度分配转变成科技开发公司与联合药业之间的具有法律效力的合同分配，研发公司在秉承服务联合药业宗旨不变的前提下，积极开展对外服务、对外合作或对外转让等业务，避免了研发任务不足、创新能力下降的潜在危险，不断提升创新能力，并且正在形成以新的技术收益为盈利的经营模式。由于研发机制创新，研发机构的活力获得释放，业务范围不断扩张，除了重点开发中药新药外，还陆续启动西药、保健品、食品、新技术和新产品的开发，目前，正在探索向生物制品领域扩展。因为有了技术储备，联合药业也相应调整了经营战略，2003 年下半年又新建了两个关联公司，从单纯经营中药产品向其他领域扩展。

武汉联合药业有限责任公司以承担国家科技型中小企业创新基金为契机，在项目实施过程中积极按照项目实施方案要求，推行现代化企业管理制度和市场化运作机制，通过采取承包调节制、项目股份制及兴办股份制科技公司开发公司，转变企业技术创新的机制，整合企业内外部资源，不断提升企业自主创新能力。

5.

桃园结义手足情，借此说股权

    此时的刘备空有大志，却没有实力。这时候对他来说最重要的就是招兵买马。关羽与张飞应该说是最早加入了刘备的阵营之中，从此与刘备并肩作战，开创了三国鼎立的局面。而关、张二人也得以封侯，名留青史。

    从现代股权角度来看，关羽与张飞可以说是刘备集团的股东，只是入股方式并不是普通意义上的资金注入罢了。那么对于现代企业来说，在缺乏资金的时候，扩充股权就是一个很好的途径，尤其是在经营出现问题的时候，增加股东数量不仅有利于筹集资金，还可以分散风险，优化企业的经营结构。接下来就具体看一下主要的股权融资模式。

增资扩股融资

增资扩股融资，是指企业根据发展的需要，扩大股本，融入所需资金。按扩充股权的价格与股权原有账面价格的关系，可以划分为溢价扩股、平价扩股；按资金来源划分，可以分为内源增资（集资）与外源增资扩股（私募）。

增资扩股与股权出让很相似。增资扩股、利用直接投资所筹集的资金属于自有资本，与借入资本比较，更能提高企业的资信和借款能力，对扩大经营规模、壮大实力具有重要作用。资本金没有固定支付的压力，财务风险较小。增资扩股、吸收直接投资不仅可以筹集现金，而且能够直接获得其所需要的先进设备与技术，与仅筹集现金的筹资方式比较，能更快地形成生产经营能力。

虽然资本金的报酬支付较灵活，但投资者要分享收益，因此资本成本较高。特别是企业经营状况好、盈利较多时更是如此。采用增资扩股方式筹集资金，投资者一般都会要求获得与投资数量相应的经营管理权，这是接受外来投资的代价之一。

一、上市公司的增资扩股融资

上市公司的增资扩股融资，是指上市公司向社会公开发行新股，包括向原股东配售股票（配股）和向全体社会公众发售股票（增发）。

我国的《公司法》和《证券法》对上市公司发行新股必须具备的条件做了规定，如三年内连续盈利、财务文件无虚假记载，募集资金必须按照招股说明书所列资金用途使用等。此外，中国证券监督管理委员会发布的《上市公司新股发行管理办法》还从发行要求、资金用途、公司治理、公司章程等方面作了具体规定。

对于配股和增发，证监会在有关文件中作了特别的要求。对公司最近三个会计年度的加权平均净资产收益率、新发行股份总数等都作了特别的规定。

上市公司发行新股的程序要遵守《上市公司新股发行管理办法》的规定。

二、非上市公司的增资扩股融资

非上市的中小企业采用增资扩股融资方式筹集资金，实际上就是吸收直接投资、扩大资金来源。投资者可以采用现金、厂房、机器设备、材料物资、无形资产等多种方式向企业投资。

增资扩股、吸收直接投资一般是在企业快速成长和发展时所使用的一种筹资方式。在吸收投资之前，必须确定所需要的资金的数量，以利于正确筹集所需资金。之后，就需要做一些必要的宣传工作，使出资方了解企业的经营状况和财务情况，有目的地进行投资。寻找到投资单位后，双方便可进行具体的协商，确定投资的数量和出资方式。中小企业选择出资形式的策略，主要目的是要使企业保持其合理的出资结构与资产结构。双方经初步协商，如果没有太大异议，便可进一步协商，这里的关键是投资的作价问题。一般应聘请有关资产评估机构来评定。最后，根据出资协议中规定的出资期限和出资方式，企业按计划或规定取得资金。在此过程中，引入了新的投资者，必须明确新的产权关系。

企业在采用增资扩股融资时，一定要注意相关的法律法规，确保操作程序和有关依据合乎法律规定，融得合法资金。

股权出让融资

股权出让融资是指企业出让企业的部分股权，以筹集企业所需要的资金。按所出让股权的价格与其账面价格的关系，股权出让融资可以划分为溢价出让股权、平价出让股权和折价出让股权；按出让股权所占比例，又可以划分为出让企业全部股权、出让企业大部分股权和出让企业少部分股权。

一、股权出让融资模式的特点

股权出让融资会对企业的股权结构、管理权、发展战略、收益方式四个方面产生影响：

1. 对股权结构的影响

企业出让股权后，原股东的股权被稀释，甚至丧失控股地位或完全丧失股权。股东间关系发生变化，权利和义务也需重新调整。

2. 对管理权的影响

随着股权结构的变化，企业的管理权也相应地发生了变化。管理权将归股权出让后的控股股东所有。

3. 对发展战略的影响

在企业的管理权发生变化的情况下，新管理者很可能有不同的发展战略。新管理者从自身利益出发，可能会完全改变创业者的初衷和设想。

4. 对收益方式的影响

投资者往往希望在短期内看到投资的回报，所以可能不像创业者那么注重企业长远的发展前景，而会通过改变企业的发展战略来实现短期内的收益。

所以，股权出让融资可能影响企业所有者的控制权和企业的发展，在很多时候会出现资金和原发展战略的两难选择。

二、股权出让对象的种类和选择

股权出让对象的选择是股权出让融资中最重要的一环。如果与出让对象在企业发展问题上不一致，引入了资金却改变了企业的发展方向，就失去了融资的意义。股权出让的对象一般有大型企业、产业投资基金、政府、个人和外商等。

第一，大型企业

吸引大型企业投资不仅可以解决资金问题，更可以利用大企业成熟的开发能力、生产能力和销售渠道，改进企业的运营。大企业投资中小企业的方式是收购、兼并、战略联盟、联营等。但大企业投资中小企业是出于自身效益的考虑，注重形成自身的产业链，降低运营成本，可能会和所投资企业的利益发生冲突。

第二，产业投资基金

产业投资基金则没有自己的产业基础，投资的目的就是为了收益，与企业的目标较一致。吸引产业投资基金的步骤大致包括：创业者与产业投资基金接触；企业向产业投资基金介绍自己；产业投资基金对企业进行考察；商讨投资方式；签订投资协议；共同制定企业发展计划。

第三，政府投资

各级政府均以财政拨款的方式成立了各种形式的基金，用于扶持科技型中小企业的发展。因为这些创新基金不以盈利为目的，强调投资的社会效益，因而是科技型中小企业的最佳融资方式。其中最有代表性的是由国务院批准、科技部操作的"中小企业创新基金"。根据中小企业和项目的不同特点，创新基金分别以贷款贴息、无偿贷款、资本金投入等不同方式给予支持。

第四，个人投资

近年来，随着我国城乡居民收入的不断增长，个人资金的数量已十分可观。但由于我国金融市场目前仍很不完善，因此向个人融资的成本较高。

第五，外商投资

随着我国金融市场开放程度的不断提高，大量国外的机构和个人投资者将进入我国金融市场。他们不仅带来大量的资金，同时也会带来先进的金融市场运作制度和方法。

桃园结义的故事告诉我们：有参与权的股东比拿利息的债主更可靠；自有资金总是好过外来资金。

产权交易融资

产权交易时企业财产所有权及相关财产权益的有偿转让行为和市场经营活动，是指除上市公司股份转让以外的企业产权的有偿转让。可以是企业资产与资产的交换、股份与股份的交换，也可以是用货币购买企业的资产，或用货币购买企业的股份，也可以是几种形式的综合。

产权交易市场是非公开权益性资本市场，具有资本市场的特征。产权交易市场交易的品种都是标准化的或者是可以标准化的品种，具有资本的属性；从市场功能看，产权交易市场通过各种交易手段来促进产权交易，具有非常明显的价格发现和价值实现功能。同时，产权交易市场根据资本逐利原则，运用多种交易手段，使资本流向成长性好的行业或企业产权，具有很强的市场资源配置功能。

产权交易市场有效地对接产权与资本，为高科技企业提供融资渠道，进而促进了高新技术产业化和科技型中小企业的快速发展。产权交易市场通过有效的交易制度，实现了资源的高效率配置，是创业投资进入与退出的主要交易场所。产权交易市场还是重要的企业战略并购平台。

产权交易的流程为：

第一，产权交易出让方提交法律、法规、规章规定的文件，包括：《产权交易上市申报书》或《产（股）权上市申报书》，出让方和被转让企业的资格证明或其他有效证明，企业产权权属证明，出资企业准予出让企业产权的证明，出让标的情况说明，被转让企业资产评估报告，评估基准日资产负债表、损益表，债务清单及主要债务人同意转移的证明文件等。

第二，出让方提交文件齐备后，产权交易中心出具产权交易受理通知书。

第三，产权交易项目挂牌 15 日，通过产权交易中心网站、电子显示屏等多种渠道对外公布信息。

第四，挂牌期满后，出让方和受让方签订《产权交易合同》，同时，受让方提交企业法人营业执照、近期资产负债表。

第五，产权交易结算交割，受让方将产权交易价款交产权交易中心。

第六，交易款到账后，产权交易中心审核并出具产权交易鉴证书、产权转让交割单。

第七，交易双方缴纳手续费，领取产权交易鉴证书，交易双方各按被转让企业资产评估（评估值）的一定比例缴纳手续费。

第八，交易双方持产权交易鉴证书，在工商等部门办理变更手续，同时，出让方领取产权交易价款。

杠杆收购融资

杠杆收购是指通过债务融资，即增加公司财务杠杆力度的办法筹集收购资金来获得对目标企业的控制权，并用目标公司的现金流量偿还债务。在杠杆收购中一般借入资金占收购资金总额的 70%~80%，其余部分为自有资金。通过杠杆收购方式重新组建后的公司总负债率为 85% 以上。

杠杆收购对收购企业自有资金的要求较低，一般仅为 10%~15%。绝大部分的收购资金为借贷而来。最终收购公司用来偿付贷款的款项来自目标公司的资产或现金流量。目标公司实际上最终支付了它自己的售价。

收购公司除所投入的自有资金外，对占收购资金大部分的贷款不负义务。债权人只能向目标公司求偿。国际上通常的做法是贷款人对目标公司资产投保，以确保优先受偿地位。

杠杆收购融资的财务杠杆比率非常高，对于资金不足的中小企业来说，是非常理想的。另外，杠杆收购融资产生了高额的负债，而利息支出是可以在税前扣除的，从而大大减少了应纳税所得额基数。

在公司管理层为了避免和股东的利益冲突，减少代理成本而实行的管理层收购中，杠杆融资是经常采用的融资形式。公司的高级管理层往往通过从银行机构或者信托投资机构取得的贷款来实现管理层收购。

虽然杠杆收购具有上述适合中小企业融资的特点，但中小企业并非都能顺利地运用杠杆收购。因为杠杆收购的资金主要来自借贷，在我国借贷的主体是银行，而我国中小企业在取得银行贷款上本来就有很大的困难。所以，可以说杠杆收购既是融资的手段，也是融资的目的。往往只有那些运作良好、经营管理有序、获利能力高、有明显市场竞争优势的中小企业才有可能顺利得到杠杆收购所需要的大量借贷资金。

和其他收购方式一样，被收购公司的盈利前景和价值被低估是吸引收购公司的原动力。对于杠杆收购来说，被收购公司的某些特点特别重要。首先是有稳定连续的现金流和较低的资产负债率。杠杆收购的收购资金靠举债筹措，现金流和资产负债率是债权人考虑的主要因素。稳定连续的现金流和低的资产负债率才能增加债权人的信心，吸引债权人的合作。其次，要有经验丰富的管理层和较大的成本降低空间。杠杆收购完成后，要靠被收购企业的现金流偿还借贷资金。经验丰富的管理层是稳定现金流的重要条件，而成本降低空间则是盈利的保证。另外，如果被收购公司拥有易于出售的非核心部门或产业，在必要的时候就可以出售这样的部门或产业而迅速获得偿债资金。

收购方在决定进行杠杆收购前，必须要根据以上原则对杠杆收购的可行性进行仔细的研究，要对目标企业进行科学合理的评价。在决定杠杆收购后，对目标企业进行资产评估，并筹集所需资金以完成收购。

杠杆收购中可能出现的风险包括丧失偿债能力风险和股东收益变化风险等，是需要企业设法加以控制的。

七擒七纵孟获告诉我们：现代企业要利用好杠杆收购和产权关系来扩大版图。

典型现代案例
一、华菱钢管有限公司的增资扩股

华菱钢管有限公司于 2000 年 12 月 7 日成立，是由衡钢集团、华融公司、东方公司、华菱管线共同出资组建的有限责任公司，其中华融公司持股 40.55%，华菱管线持股 28.87%，衡钢集团持股 9.75%，根据华菱管线与华融公司、东方公司、衡钢集团于 2000 年 12 月 1 日签署的"合资协议书"，华菱管线全权负责该公司的经营管理。

湖南华菱管线有限公司用湖南华菱管线股份有限公司衡钢事业部的净资产对华菱钢管有限公司实施增资。根据有关规定，此次增资属于关联交易。

完成此次增资后，湖南华菱管线股份有限公司持有华菱钢管 43.16% 的股权，华融资产管理公司持有公司 32.26% 的股权，东方资产管理公司持有公司 16.66% 的股权，湖南衡钢集团则持有公司 7.92% 的股权。

由于衡钢事业部和华菱钢管生产的均为无缝钢管，只是生产的产品规格不同，故此次增资扩股后，衡钢事业部并入华菱钢管，有利于理顺内部资产、业务关系，加强经营管理，统一对外购销，全盘考虑及时改造，充分发挥品种和规模效益，提高生产效率，增强公司核心竞争力。同时也可以进一步推进公司规范运作，构建更加完善、科学的组织结构。

二、小肥羊上市前的资本运作

在内蒙古，最著名的是"一只牛"和"一只羊"。"一只牛"指的是蒙牛，"一只羊"则是小肥羊。小肥羊作为首个在中国香港上市的中国内地餐饮行业品牌，被誉为"中国火锅第一股"。如今小肥羊已于2012年2月在港交所摘牌，并且为谋求更大发展被百胜集团收购，但小肥羊上市之前的资本运作还是很值得借鉴，尤其是对民营企业和中小型企业来说。

在正式上市之前，小肥羊进行了一系列的资本运作来进行扩张，以充实资本。

第一，寻找资本运作专家。小肥羊从蒙牛引来熟悉资本运作的专家卢文兵。卢文兵于2004年出任小肥羊常务副总裁，来整顿混乱的加盟市场和为小肥羊融资上市做工作。

第二，引入私募投资者。2005年，小肥羊开始物色合适的投资者，并先后接触了近20家投资者。最终小肥羊选定了来自英国的私募股权投资基金3I集团。2006年6月底，小肥羊与3I集团、普凯基金达成投资协议，3I出资两千万美元，普凯出资500万美元，合计占小肥羊30%的股份。于是小肥羊成为内蒙古地区继蒙牛之后又一家成功引入国际资本的民营企业。

第三，海外扩张。在引入了国际资本之后，小肥羊为其扩张募集到了充足的资金，采取直营店的形式，从香港地区开始了中国内地以外的扩展，逐步在中国香港地区、中国台湾地区以及美国、日本、加拿大、印尼等地拥有16家连锁火锅店。

经过了一系列的资本运作，小肥羊于2008年6月12日在香港主板挂牌上市，成功募集到资金净额4.62亿港元，也开始吸引更多的投资者来与小肥羊共建一个世界级的连锁餐厅运营商。

6

白衣过江退为进，重组再重生

陆逊曰："云长倚恃英雄，自料无敌，所虑者惟将军耳。将军乘此机会，托疾辞职，以陆口之任让之他人，使他人卑辞赞美关公，以骄其心，彼必尽撤荆州之兵，以向樊城。若荆州无备，用一旅之师，别出奇计以袭之，则荆州在掌握之中矣。"蒙大喜曰："真良策也！"

逊乃拜受印绶，连夜往陆口；交割马步水三军已毕，即修书一封，具名马、异锦、酒礼等物，遣使赍赴樊城见关公。

时公正将息箭疮，按兵不动。忽报："江东陆口守将吕蒙病危，孙权取回调理，近拜陆逊为将，代吕蒙守陆口。今逊差人赍书具礼，特来拜见。"关公召入，指来使而言曰："仲谋见识短浅，用此孺子为将！"来使伏地告曰："陆将军呈书备礼：一来与君侯作贺，二来求两家和好。幸乞笑留。"公拆书视之，书词极其卑谨。关公览毕，仰面大笑，令左右收了礼物，发付使者回去。使者回见陆逊曰："关公欣喜，无复有忧江东之意。"
……

约至二更，舟口中精兵齐出，将烽火台上官军缚倒，暗号一声，八十余船精兵俱起，将紧要去处墩台之军，尽行捉入船中，不曾走了一个。于是长驱大进，径取荆州，无人知觉。

——典出《三国演义》第七十六回：徐公明大战沔水　关云长败走麦城

关羽攻打襄阳、樊城，进展顺利，令刘备实力大增，足以和曹操抗衡，而东吴沦为最弱势的一方。此时关羽占据着长江的中上游，顺江而下吞并吴国则显得非常容易。在这种情况之下，面对当时最负盛名的关羽，不管是老将吕蒙还是年龄尚轻的陆逊都没有必胜的把握。

于是吕蒙和陆逊采取以退为进的迂回战术，先是吕蒙抱病，推荐陆逊接手军队事务。陆逊以其年少，关羽必不防备，加上托书示弱，利用关羽为人骄横的特点使其轻视敌方，自然落到了这个圈套之中。最后关羽在重夺荆州无望之下，只得率领余下残兵退守麦城，最终因弹尽粮绝，被俘被杀。东吴取回荆州，进而改变了三国的格局。

由此可见，"成功之道，赢缩为宝"，进退伸缩，皆为成功的法宝。在形势于我不利的情况下，可以投降，可以讲和，也可以退却。三者相比，投降是彻底失败，讲和是一半失败，退却则可转败为胜。所以，古代兵书认为："三十六计，走为上计。"在资本运作中也是如此，一味做加法并不一定会得到最佳效果，有时做一做减法可能效果会更好。

并购重组

并购重组是企业做大做强的重要策略。被收购实际上是"以退为进"，有利于企业的长期发展；而重组是一种盘活企业存量资产、实现资源优化配置、实现规模经济和进行产业整合的重要手段，可以使企业由小变大、由弱变强，使企业综合竞争力得到提高。比如世界 500 强企业中许多公司都是通过并购来实现多样化经营，从而提高竞争力的。

一、并购

在资本市场的舞台上，企业并购活动异彩纷呈，它作为一种市场经济高度发展的产物和企业经营的有效手段，在很大程度上推动了经济的发展乃至飞跃。中小企业的并购扩张从侧面反映了企业强劲的生命力和成熟的市场意识，从而推动了市场经济的不断完善。

被收购，实际上是"以退为进"。被别人收购并不丢面子，尤其是被有实力的公司收购。"换股"等现代交易方式实际也不再是传统认知上的吞并，而是你中有我、我中有你的"战略性联合"。"部分现金＋部分换股"的方式是一个交易手段上的创新安排，从买家角度减少了短期现金支付压力，而对卖家来说则是可能分享到未来公司发展的长期收益。卖家不是单纯地失去了公司，而是交换回了更大资产的参与权，获取更多的收益。

自己单打独斗，即使拥有百分之百的资产，规模也是有限的。相互联手共同把企业规模做大，即使只拥有百分之一也大于过去的利益。此时，与其称之为出售公司、被收购，不如叫做"价值交换"，有小失却有大得。

所以，一个合格的企业家需要懂得为企业的长期发展寻找持续的动力，懂得资本运营。企业不是自己的孩子，需要在不同阶段找到合适的"婆家"或者"联姻者"。一个只会做实业经营的管理者还不能称之为企业家，只有懂得买卖公司、资本运作，懂得为自己的企业找到好东家，才是一个真正的企业家，因为这样才是为企业、为企业的员工、为企业的股东真正负责。一个舍不得卖公司或者引入战略性投资者的创始人，往往是因为拘泥于自己的小利益或者是守护着虚幻的根本不存在的所谓"面子"，而忽视了全体股东利益与企业长期发展的大局。

对于并购，主要有三种类型：

第一，横向并购

它是指同一部门或行业的企业之间的并购。并购前双方生产相同或相似的产品，在同一市场中相互竞争，比如家电行业中生产电冰箱、洗衣机、空调的企业之间的并购。横向并购有两个明显的效果：实现规模经济和提高行业集中程度。横向并购使得企业的规模得以扩大，增强了对市场的控制力，但是在一些情况下会形成垄断，降低了整个社会经济的运行效率，所以，横向并购的管制一直是各种反垄断法的重点。

第二，纵向并购

它是指生产经营有联系，但处于不同产销阶段的企业之间的并购。纵向并购往往是将原材料的生产和加工、产品的制造以及产品的销售渠道等过程联合在一起的。比如，钢铁行业中的矿山开采、加工、冶炼、轧钢以及钢材的利用等相关行业之间的并购。所以，纵向并购是两个或两个以上企业之间的商品关系变成一种企业的内部关系，从而实现综合性经营。

第三，混合并购

它是指企业打破部门或行业的界限，并购与自己原来的经营领域没有生产经营联系的企业，实现多样化经营。一般来说，凡是发生混合并购，就必然会实现多样化经营。

二、重组

重组是一种盘活企业存量资产、实现资源优化配置的重要手段。广义的重组是一个与资产、股权、债券相关联的概念，是兼并、收购、托管、资产置换、无形资产注入、债务重组等一切表述公司重大非经营性或非正常性变化的总称。而狭义上的重组则专指企业资产置换及资产剥离两种行为。

资产置换是指公司进行全部或部分资产的交换、出售与剥离，目的是在改变公司资产负债情况的同时，增加公司的赢利能力。无论是资产置换还是资产剥离，都涉及公司资产的变更，只是资产置换往往表现为从小到大的扩张性重组，而资产剥离往往表现为从小到大的分立式重组。

重组的意义在于，它是企业实现规模经济和进行产业整合的重要手段，可以使企业由小变大、由弱变强，综合竞争力得到提高。对于中小企业来说，重组是企业发展壮大的重要手段，通过重组进行资源配置会创造出更好的业绩。

曹操的发展史告诉我们：企业要做大做强，就是要不断地收购兼并。

并后整合

不少公司在并购以后发生失败，其原因往往不在于并购事件本身，而在于忽略了对并购以后的公司进行合理的整合。公司完成并购的手续其实只完成了整个并购过程的一部分，它需要花更长的时间对新的公司进行整合，以适应新的经营环境的要求。作为收购公司，首先应查找并购以前目标公司与收购公司之间存在的不融合现象，分析这种不融合造成的影响及产生的原因，然后针对一些突出问题进行整合。一般来说，公司并购后的整合内容主要包括资产、组织、管理、人力资源和企业文化等。

资产整合是公司并购后整合的第一环节。并购以前的两部分资产可能不完全适用于并购以后的生产经营需要，或原来的两部分资产还没有完全发挥出应有的效益，这就需要对生产要素进行有机整合。有些没有用的资产应及时变现或转让，一些尚可使用但需改造的资产或流水线应尽快改造。通过整合，使并购以后的生产要素发挥出最大的效应，最终实现盘活资产存量，提升公司市场竞争力的目的。由此可见，对于那些资产不相关、产业关联度小、跨行业的公司并购，要特别注重资产整合的效用问题。如果并购后的大量资产不适用于新的生产需要，则并购的代价是巨大的，有可能拖累收购公司而导致并购的失败。

公司并购以后急需重建企业的组织指挥系统，以保证企业有健全的组织制度和合理的组织结构，从而实现重组双方最佳的协同效应，降低内耗，提高运作效率，这就是组织整合。许多公司在实施并购特别是控制权转移的并购后，并未抓紧进行组织整合，使目标公司与收购公司处于一种松散型的组织关系中。整个组织指挥系统内部存在大量摩擦，结果非但没有提高效率，反而由于内耗成本的增加进一步降低了效率。

公司并购重组以后，收购公司应利用自身的管理优势，对目标公司的管理体制进行改造，做好目标公司的机制转换与制度创新工作。管理整合的目标主要有三个：一是建立规范的公司治理结构；二是制定一整套生产经营管理制度；三是建立起一个合理有效的分配机制。

　　人力资源整合是公司整合中十分重要的环节，因为人力资源是公司资源中最重要的因素。公司并购以后，被并购公司的管理层和员工往往会产生离心力，这对新公司的运作带来很大的影响。公司应对原有人员进行优化配置，最大限度地减少被并购公司员工的抵触情绪，减少整合过程中人力资源的内耗。对于有能力的经营管理人员，应当充分发挥他们的专长，甚至可以委任更重要的岗位。同时也应当最大限度地调动一般员工的积极性。对于需要精简的骨干和员工，待遇也应当尽量优厚。有时虽然短期内开支大一些，但从长远来看，这对于增强公司的凝聚力是十分有利的。

　　文化整合是对不同的企业文化进行的整合。当两个企业文化存在很大差异的公司并购重组时，很容易产生企业文化与理念的碰撞和不协调。新的公司如果不能将不同的企业文化整合在一起，必将使整个磨合过程延长，磨合成本增加。公司文化的整合应当将先进的企业文化渗透到企业的组织管理系统、生产指挥与运行系统、员工业余生活等各个方面。只有使所有的员工都能接受同一种向上的企业文化，公司的并购重组才会真正取得成功。

　　刘禅的乐不思蜀告诉了我们：要对被兼并企业的员工进行安抚，才能使之安心以便效力。

典型现代案例

一、雨润的并购神话与并后整合

　　1991 年 3 月，祝义才投资 450 万元在合肥成立了华润肉食品加工厂，一年无果后，祝义才变卖机器设备携资 300 万元转战南京，投资设立了南京雨润肉食品公司，此后，以每年 2~3 倍的扩张速度发展。雨润集团从创立至今，涉及房地产、投融资、高新技术、酒店业、生化制药等多个行业，已由肉食品加工厂发展为多元化经营的集团制企业。

　　总部位于苏州的雨润集团曾经在一个月收购了两家香港上市公司，5 年并购 19 家国有企业，雨润的负责人祝义才也被称为"收购狂人"。在不断地并购与收购过程中，"雨润"的品牌知名度和价值也越来越高。这其中，并购起到了不可替代的作用，同时，雨润并后整合工作的妥善完成也彻底保证了合并后企业的契合度。

　　雨润最初因为其产品供不应求，为解决扩大生产的当务之急而并购了南京罐头厂。1996 年，雨润肉食品系列深受市场欢迎，产品供不应求，企业亟须扩大生产，但当时拿到土地批文却相当困难，于是退而求其次，雨润租下了南京罐头厂的两间闲置厂房，并就地招聘罐头厂的部分下岗职工。投产当月，这间厂房便开始了赢利。

　　面对不断扩大的市场需求，经研究之后，雨润集团于 1997 年，以零资产并购了总资产 7 000 多万元的南京罐头厂。经评估，并购资金为 4 800 万元，用于代偿债务以及原厂 1 400 多名下岗工人的安置工作。这次并购开创了江苏省民营企业收购国企的先河。

　　这次并购虽然对雨润与南京罐头厂都有利，但并购之初，由于企业体制的转变，原南京罐头厂的国企员工难以接受，因此部分员工消极对待，以致出现破坏电线、电话线甚至威胁恐吓企业负责人的行为。员工的这种行为与心理如果不消除的话，就会对企业造成严重的消极影响。最终，祝义才承诺原罐头厂职工，包括退休员工在内全部接收，而且保证工资高于南京市国企平均工资水平；原罐头厂拖欠职工的工资和医疗费用也将由雨润分批返还等。通过一系列工作，逐渐消除了并购企业职工的心理落差，使他们与企业有了共同的利益，于是全心为企业出力，共同创造效益。

　　并购南京罐头厂的成功，让雨润找到了新的发展契机，这就是濒临倒闭的国有企业蕴藏着很大的潜在价值，能为企业的壮大提供前所未有的机会。于是自 1998 年起，雨润相继在江苏、安徽、四川、河北、辽宁等地通过收购、兼并等方式，参与了 19 家国有大中型企业的改革，企业规模迅速扩大，市场影响力明显增强。

二、斯威特的惊人之举

2000 年 5 月 11 日，斯威特以 1 个亿的代价，从上海第一钢铁集团公司的手里拿到了 3 500 万股，以 25.45% 的股权成为一钢异型的第一大股东，这引起了市场强烈的关注。在此前后，斯威特又成为广济药业的第四大股东，南京中商的第二大股东，并向重庆实业投资 3 600 万元，进行联合融资。

但是，就在人们对斯威特的大举入市还存在疑惑的情况下，2001 年上半年斯威特又出奇招，出人意料地宣布要从南京中商的第二股东位置上撤出，并且宣称即将从广济药业中退出。这样做的原因其实正是斯威特在经过了一系列的资本运营过程之后，才真正发现了让其在证券市场上腾飞的其实是一钢异型。

2000 年 8 月，上海一钢异型钢管有限公司批准南京斯威特集团的重组方案；批准收购南京斯威特数据图文有限公司 99% 的股权。按照当天上海一钢异型的收盘价 15.33 元、流通市值 12.99 元来计算，也就是说，斯威特集团以 1 亿元的代价相对控制了 12.99 亿元的市值、3.7 亿元的总资产，杠杆效应非常明显。同时，朝阳产业的进入和高科技的发展前景推动一钢异型的股份一路上扬，从 2000 年初的 8 元左右飙升到了年底的近 19 元，账面利润近 150%。

2000 年 12 月 1 日，一钢异型公司更名为"上海宽频科技股份有限公司"。2001 年 4 月，该公司以复权后涨幅居 A 股第 8 位入选中央电视台为纪念中国股市诞生十周年而举办的"十年陈股香"的"十大牛股"。

自此，斯威特便成功完成了权益资本融资的运作任务，实现了斯威特的腾飞，从而也确立了其在证券市场的坚实地位。

资本运营最核心的要求是资本收益率的最大化，因此，适当地选择退出也是一种明智的做法。对于目标公司要有目的地选择，而不是盲目地做大。斯威特正是为了发展企业的核心竞争力才进行了资本运营，并将重点放在长远效益上，经过一系列的大进大退之后，最终实现了其目的。

参考文献

1. 武艳，张晓锋，张静. 企业风险管理[M]. 北京：清华大学出版社，2011.

2. 邓增辉. 小老板投资融资36计[M]. 北京：北京工业大学出版社，2010.

3. 史永翔. 向财务要利润[M]. 北京，机械工业出版社，2011.

4. 赵顺龙. 企业战略管理[M]. 北京：经济管理出版社，2011.

5. 李琦. 亨特兄弟覆灭记[EB/OL]. （2006－11－03） http://finance.sina.com. cn/money/lczx/20061103/03503045666.shtml.

6. 何广涛，信育平，何长领. 解读资本运营：企业资本运营模式精要·实证分析[M]. 北京：机械工业出版社， 2003.

7. 书凡. 不可不读的财富故事：不冒险才是险[EB/OL]. （2010－12－01）http://book.17173.com/chapter/264948_5877751.html.

8. 王铁军，胡坚. 中国中小企业融资28种模式成功案例[M]. 北京，中国金融出版社，2006.

9. 吴瑕. 融资有道：中国中小企业融资操作大全[M]. 北京：中国经济出版社，2007.

10. 韦秀长，姜隆富，王世鑫. 中国四大电信运营商融资策略的对比分析[J/OL]. [2010－04－08] http://www.studa.net/rongzi/100408/15102984.html.

11. 李萍. 初露锋芒——中国移动五次成功融资评析[J]. 通讯世界，南京邮电学院，2003（9）.

12．网易商业频道.小肥羊CEO卢文兵：资本运作＋公司化管理[EB/OL].（2009－03－25）http://money.163.com/09/0325/11/558GHJA6002524U1.html.

13．李明瑜，朱晓瑾，李德林.上海科技：巨额资金暗流[EB/OL].（2005－12－12）http://stock.hexun.com/2005－12－12/100454458.html.

14．王文志.大神秘操盘机构：揭密"金手指"严晓群的资本游戏[EB/OL].（2005－11－28）http://money.163.com/05/1130/20/23R69LU700251LJJ.html.

图书在版编目(CIP)数据

三国商道:资本定天下/冯建,王正好,李腾飞编著 . —成都:西南财经大学
出版社,2013.1
(财管新说)
ISBN 978 - 7 - 5504 - 0896 - 8

Ⅰ. ①三… Ⅱ. ①冯…②王…③李… Ⅲ. ①企业管理—资本运作
Ⅳ. ①F830. 59

中国版本图书馆 CIP 数据核字(2012)第 294081 号

三国商道:资本定天下

冯　建　王正好　李腾飞　编著

策　　　划:王正好
责任编辑:王正好
助理编辑:廖术涵
封面设计:袁　海
版式设计:台湾崧博文化
责任印制:封俊川

出版发行	西南财经大学出版社(四川省成都市光华村街55号)
网　　址	http://www. bookcj. com
电子邮件	bookcj@ foxmail. com
邮政编码	610074
电　　话	028 - 87353785　87352368
照　　排	四川胜翔数码印务设计有限公司
印　　刷	四川新财印务有限公司
成品尺寸	170mm×230mm
印　　张	9
字　　数	140 千字
版　　次	2013 年 3 月第 1 版
印　　次	2013 年 3 月第 1 次印刷
书　　号	ISBN 978 - 7 - 5504 - 0896 - 8
定　　价	30. 00 元